누리과정에 기초한

그림책을 활용한 주제중심 통합교육

양연숙 송진영 김윤경 공저

신정

머리말

그림책 속에는 유아가 살아가는 세계와 더불어 유아가 꿈꾸는 아름다운 상상의 세계가 가득합니다. 유아는 그림책을 통해 세상을 배우고, 타인을 이해하며, 자신을 성장시켜 나갑니다. 유아에게 좋은 그림책을 바람직한 방법으로 접하게 하는 일은 교육적으로 아주 중요하고 의미 있는 일입니다.

이 책은 유아발달에 적합한 그림책과 유아교육현장에서 주제와 통합하여 실시할 수 있는 교육 프로그램을 소개하고자 하는 저자들의 마음에서 시작되었습니다. 누리과정 이후 국가 수준에서 제공하는 양질의 프로그램이 보급되고 있지만 그림책을 통한 교육의 가치를 실천하고자 하는 교사나 오후 프로그램, 시간연장 프로그램, 특별활동 프로그램에서 유아의 교육경험을 확장 심화할 수 있는 교육프로그램을 요구하는 현장의 요구를 반영하기 위해 저자들의 역량을 모았습니다.

무엇보다도 저자들이 소속된 학과가 운영하고 있는 한솔어린이집 유아에게 발달적으로 적합한 교육을 실현하고자 하는 열정과 신념이 2년에 걸친 프로그램 계획과 운영에 큰 동기가 되었습니다.

1부에서는 그림책을 활용한 주제중심 통합교육의 이해를 돕고자 그림책과 주제중심 통합교육의 의의를 설명하고, 본 프로그램의 목표, 내용, 교수방법 및 평가의 방향이 소개됩니다. 2부에서는 누리과정에 기초한 생활 주제에 근거하여 그림책을 활용한 통합교육의 실제가 소개됩니다. 1년 동안 유아교육기관에서 활용할 수 있는 47개의 다양한 활동을 담고 있습니다. 이 책이 유아교육현장에서 그림책을 읽어 주시고 바람직한 교육을 고민하시는 선생님들께 작은 도움이 되기를 바랍니다.

한 권의 책이 나오기까지 많은 분들의 도움이 있었습니다. 프로그램을 계획하고 운영하는 전 과정에 도움을 준 한솔어린이집 유아들과 부모님 그리고 선생님들께 감사드립니다. 좋은 책을 만들기 위해 비워둘 수밖에 없는 자리를 사랑으로 채워 주시고 격려를 아끼지 않은 가족들에게도 감사드립니다. 마지막으로 출판을 허락해 주시고 원고의 교정과 편집에 애써주신 노서출판 신성에 감사드립니다.

2014년 8월
저자 일동

차례

PART I 그림책을 활용한 주제중심 통합교육의 이해

PART II 그림책을 활용한 주제중심 통합교육의 실제

제1장 어린이집과 친구

제2장 봄

제3장 동식물과 자연

제4장 나와 가족

제5장 우리 동네

제6장 건강과 안전

제7장 여름

제8장 교통기관

제9장 우리나라와 세계 여러 나라

제10장 가을과 열매

제11장 환경과 생활

제12장 겨울과 놀이

제13장 생활도구

제14장 형님이 되어요

PART I

그림책을 활용한 주제중심 통합교육의 이해

01

그림책을 활용한 주제중심 통합교육의 의의

CHAPTER 01

그림책을 활용한 주제중심 통합교육의 의의

그림책(picture book)은 유아가 만나는 첫 번째 책이며, 글과 그림이 결합하여 이야기를 시각화하는 책이다. 그림책 속에는 유아들의 호기심을 자극할만한 즐거움이 담겨 있으며, 아름다운 상상의 세계가 가득 담겨 있다. 그림책을 보고 듣고 즐기는 경험을 통해서 유아들은 그림책 속의 아름다운 삶과 상상의 세계에 감동하게 되고, 그 감동은 유아의 삶을 풍성하게 한다.

유아는 그림책을 통해 자신의 발달과 성장뿐만 아니라 자연, 사물, 사건, 세계에 대한 이해와 공감 그리고 문제에 대처할 수 있는 능력을 기른다. 이야기가 전개되는 동안 유아는 그림책 속에 나오는 문제 상황을 해결하기 위하여 확산적 사고를 하게 되고 자신이 터득한 지식을 다른 상황에 적용해 보기도 하며 자신의 아이디어를 다른 방법과 연합하여 새로운 지식을 창출해 낸다. 유아들은 그림책을 단순히 수동적으로 듣는 것이 아니라 자신의 정서와 교류하며 통합적으로 사고하는 능동적 과정을 경험한다(김정주 · 류혜숙, 2010).

그림책은 분명히 감상과 그에 따른 즐거움을 우선적으로 추구하는 문학작품이지만, 유아들은 그림책을 보면서 많은 것을 학습한다. 단어의 의미, 문장의 구조, 수 개념, 사물의 원리, 자연현상, 사건 간의 인과관계, 역사적 사실, 그리고 사랑이나 슬픔과 같은 인간의 다양한 정서 등, 그림책에 자연스럽게 녹아 있는 내용은 다른 방법으로 가르칠 때에 비해 어린 독자에게 훨씬 쉽게 학습된다. 호기심, 흥미, 동기가 유아를 이끌어야 자발적이고 의미 있는 학습이 이루어지기 때문에, 그림책은 유아기의 교수학습에 가장 적합한 매체일 수밖에 없다(최나야 · 아이종이, 2011). 따라서 그림책을 통하여 책의 내용이나 순서, 인과관계 등을 이해하고 그것을 다시 기억하고 표현해 보는 과정을 통해 언어, 사회, 정서, 인지, 신체발달을 지원하는 프로그램이 고려될 필요가 있다.

유아교육현장에서는 언어영역뿐만 아니라, 수학, 과학, 미술, 음률, 동작, 사회성 등 다양한 발달영역에 대해 그림책을 매개로 한 통합교육이 실시되고 있다. 유아교육은 과정 지향적이며, 비형식적이고, 잠재적 교육과정의 특성이 있으며, 유아와 유아, 유아와 교사, 유아와 환경 그리고 유아의 이전 경험과 현재 경험 간의 상호작용에 영향을 받는다. 이에 유아교육은 유아 중심적이며, 놀이 중심적 특성이 있으며, 발달적 적합성에 입각한 교육을 실천한다는 특성을 가지고 있다. 이러한 유아교육의 학문적 성격을 고려하였을 때, 유아의 제발달이 균형적으로 이루어지고 원만하고 조화로운 인성교육을 위해서는 통합적인 접근방법이 적절하다고 할 수 있다(이세나, 2009).

유아교육에서 통합적 접근방법은 주제를 중심으로 언어, 수, 사회, 음률, 과학 등 다학문적인 접근을 통해 유아의 발달영역을 통합하는 교수학습방법이다. 주제중심 통합교육은 유아의 흥미와 발달 특징을 이해하고, 그림책 속에 다루어진 주제 또는 내용을 중심으로 학습활동의 흥미와 동기, 언어적 자극을 제공함으로써 언어, 음률, 미술, 수학, 과학, 사회 등의 여러 교과영역과 발달영역 간 또는 활동영역 간 내용을 통합하여 교육적인 경험을 갖게 하는 접근법이다(유지은 · 김영실, 2009; 이윤희 외, 2009).

유아들은 그들의 세계를 분리된 내용영역으로 이해하기보다는 통합적 전체경험(Whole experience)으로서 배운다(이영자 · 이정욱, 2010). 여러 내용영역이나 다양한 교수 상황 속에서 학습의 통합이 높아질수록 교수가 더 효력을 발휘하여 유아에게 더 의미 있는 학습이 이루어진다(Schickedanz, 2008). 이에 발달적으로 적합한 유아교육을 하려면 여러 영역이 통합적으로 계획되고, 신체적, 사회적, 정서적 발달 등 모든 측면이 적절히 고려되어야 한다(이경우 · 홍혜경 · 신은수 · 진명희, 2001). 이를 반영한 접근방법 중 그림책을 중심으로 하는 통합적 접근법은 유아로 하여금 그림책을 통하여 얻은 지식, 과거의 경험 및 현재의 능력을 연결시켜줄 뿐만 아니라, 그들의 세계에 대한 전체적인 경험을 가능하게 하여 학습을 지원하기 때문에 그림책이 갖는 문학적 기능 외에 유아가 필요한 개념들을 보다 명료하게 이해하도록 하는 장점을 지니고 있다(강선정 · 이소은, 2012; 성은현 · 이문정 · 조경자, 2005). 유아가 일상생활 속에서 흔히 접하는 주제가 담긴 그림책은 특히 생활 주제를 중심으로 교육과정을 편성, 운영하도록 구성되어 있는 3-5세 누리과정을 적용하는 우리나라 유아교육현장에서 유용하게 활용될 수 있다.

누리과정의 운영을 위한 국가수준의 교사용 지도서(교육과학기술부, 2013)와 어린이집 프로그램(보건복지부, 2013)은 누리과정의 내용을 생활주제 중심의 통합교육과정으로 운영할 수 있도록 교육계획 작성 및 운영의 실제와 다양한 교육활동을 제시하고 있다. 이에 누리과정에 기초한 주제 및 내용과 연계된 그림책을 선정하여 언어, 수, 사회, 음률, 과학, 신체 등의 다양한 통합활동을 제공함으로써 활동영역과 발달영역 간 또는 활동영역 간 내용을 통합하는 경험을 제공하는 것은 유아의 전인발달을 촉진하는 교수학습방법으로 유아교육기관에서 체계적으로 계획되고 운영될 필요가 있다.

02

그림책과 주제중심 통합교육

CHAPTER 02 그림책과 주제중심 통합교육

본 장에서는 유아를 위한 그림책 활동의 의미와 발달적으로 적합한 그림책을 알아보고, 유아의 발달적 특성과 요구에 적합한 주제중심 통합교육의 기본 방향을 살펴본다.

1. 그림책

1) 그림책의 가치

그림책은 유아를 위해 만들어진 글과 그림이 포함된 책이다. 글 읽기에 익숙하지 않은 어린 유아들은 시각적인 그림에 먼저 관심을 가지게 되고 그림을 통해서 책의 내용을 파악한다. 유아들은 그림책에서 단순히 그림을 보는 것이 아니라 '글 읽기'와 같이 '그림 읽기'를 한다. 언어를 통해 글의 의미를 읽을 뿐만 아니라 그림 속에 포함된 의미를 읽고 해석하면서 예술적 경험과 지식을 발달시킨다.

그림책 속에서 유아는 꿈과 상상의 세계를 경험하며 신비롭고 아름다운 세상으로의 여행을 떠나게 된다. 그림책을 보면서 유아는 새로운 지식과 정보를 얻고 세상을 배우며, 울고 웃으면서 다양한 삶을 경험한다. 그림책이 지니는 교육적 가치를 살펴보면 다음과 같다(조경자, 이현숙, 이문정, 곽아정, 2013; Jalongo, 2004; Lynch-Brown & Tomlinson, 2005).

(1) 즐거움

유아들이 그림책을 찾는 가장 기본적이고 분명한 이유는 재미있기 때문이다. 그림책의 내용과 읽는 과정에서 즐거움을 찾을 수 없다면 유아들은 그림책을 읽으려 하지 않을 것이다. 어렸을 때 듣거나 읽었던 재미있고 감동적이고 놀라운 이야기들은 성장한 후에도 오래도록 즐거운 기억으로 남는다.

(2) 상상력

그림책 속에는 다양한 사람과 생활, 그리고 상상의 세계가 펼쳐진다. 유아들은 그림책 속에서 현재의 시공간을 넘어선 과거와 미래의 세계, 혹은 환상의 세계를 통해 창의성과 상상력을 기른다.

(3) 심미감

유아들은 그림책을 보면서 책 속의 언어와 표현, 그림의 색과 모양, 구도 등을 접하면서 아름다움을 경험하고 심미감을 기르게 된다. 좋은 그림책의 그림은 글을 더 잘 이해하도록 돕는 보조적인 역할이 아니라 그림 자체만으로도 훌륭한 예술성을 가지고 있으며 예술적인 감각을 키워 준다.

(4) 치유

유아들은 그림책 속에서 정서적인 위로를 얻는다. 책 속에서 일어나는 일과 자신이 실제로 겪는 갈등을 동일시하면서 위로를 받고 안정과 자신감을 갖게 된다. 또한 현실 세계에서는 이루어질 수 없는 일들이 이루어지는 것을 보고 대리만족을 얻기도 한다. 그림책을 보는 과정에서 유아들은 적응과 성장의 문제들을 해결할 수 있는 힘을 기른다.

(5) 도덕성

이야기 속의 주인공들은 종종 도덕적 갈등 상황에서 어느 한쪽을 선택하는 결정을 내려야 한다. 이때 유아는 자신이라면 어떻게 했을까를 생각해 보게 된다. 주인공의 선택과 그 선택에 대한 결과가 어떠한 일을 초래하는지를 경험하면서 유아는 옳고 그름의 개념과 기준을 형성하게 된다.

(6) 대리 경험

유아들은 책을 읽으면서 이야기 속으로 몰입을 하게 되고 자신이 이야기 속의 주인공이 되어 그 시대, 그 장소로 이동을 하며 주인공이 만나는 인물과 사건을 경험하게 된다. 이러한 대리 경험은 현실세계에서는 겪지 못할 다양하고 폭넓은 사건을 경험하게 함으로써 다른 사람에 대한 이해와 문제해결능력을 기르게 된다.

(7) 세상에 대한 이해와 공감

유아는 이야기 속의 주인공과 세상을 만나면서 나와 다른 사람에 대한 이해와 공감력을 키울 수 있다. 문학을 통해 다른 나라와 문화를 이해할 수 있는 다문화적 이해력의 기초를 형성할 수 있다. 인간의 삶이 자신이 속한 사회문화, 경제, 정치적 한계나 기후, 지리적인 조건 등에 의해 어떻게 영향을 받고 어떻게 달라지는지를 이해할 수 있다.

(8) 문화유산에 대한 이해

유아들이 즐겨 읽는 이야기 중에는 옛이야기 그림책과 같이 예로부터 전해져 오는 이야기 또는 이전 세대에서 다음 세대로 전해져 오는 이야기들이 많이 있다. 이러한 이야기들은 그 시대의 보편적인 인간의 삶과 특징, 사회와 문화를 담고 있어, 현재의 우리와 과거의 우리를 연결해 준다. 유아들이 이야기 속의 주인공이 되어 경험하는 것은 곧 그 시대 문화의 일부가 되는 것이며, 역사적 사실에 기초한 이야기들은 역사가 무엇인지 알게 해 주고, 역사를 만드는데 기여한 뛰어난 인물 혹은 평범한 사람들을 이해할 수 있게 해 준다.

(9) 학습적 가치

그림책은 언어와 문해능력을 포함한 다양한 학습을 가능케 한다. 특히 규칙적인 책 읽기는 유아의 언어발달과 읽기발달에 긍정적인 영향을 준다. 어린 시기부터 책을 많이 접하면서 유아들은 정확한 어휘, 좋은 문장과 표현, 글의 구조 등을 익히게 되며 자신의 이야기를 쓸 때 이를 활용하여 표현을 하게 된다. 또한 좋은 그림책을 많이 접하는 것은 유아들의 쓰기를 북돋우는 동기부여도 된다. 그림책은 유용한 정보와 매력적인 그림으로 교육적 가치를 지닌다.

2) 그림책의 유형

그림책의 가장 기본적인 특징인 그림책의 형태와 내용에 따라 그림 이야기책, 정보 그림책 그리고 글 없는 그림책으로 분류한 뒤 다시 세분화하여 그림책의 유형을 살펴본다.

(1) 그림 이야기책

그림 이야기책(picture storybooks)은 줄거리가 있는 글과 그림으로 구성되어 있고, 두 가지 요소가 조화롭게 이야기를 전달하는 책이다. 시는 줄거리가 있는 이야기는 아니지만 기본적으로 그림과 글로 구성이 되어 있는 문학이라는 점에서 그림 이야기책이라고 할 수 있다. 따라서 대부분의 그림책이 그림 이야기책에 속하며 옛이야기 그림책, 사실 그림책, 환상 그림책, 시 그림책이 여기에 속한다.

① 옛이야기 그림책

옛날부터 전해 내려오는 이야기를 담은 그림책으로 민담, 전설, 신화, 우화를 포함한다(최나야 · 아이좋이, 2011). 민담이란 여러 세대를 거치며 오랫동안 사람들 사이에 전해 내려온 이야기로 전래동화라고도 한다. 민담은 기승전결의 구조가 명확하고 권

선징악을 다루는 경우가 많다.

동식물 또는 사물의 기원, 역사적 사건, 인물에 대한 전설을 소재로 하는 옛이야기 그림책도 있다. 전설 그림책은 비교적 분명한 역사적, 사실적 근거를 담고 있는 경우가 많다. 예를 들어, '어느 지방 어느 마을의 이야기'라든가, '어느 시대 어느 해의 이야기'라는 배경 묘사가 이루어져 전설의 진실성을 뒷받침하는 역할을 한다.

신화는 민담처럼 구전되어 온 옛이야기로, 문화나 민족이 공유하는 믿음을 바탕으로 한다. 따라서 전설에 비해 내용의 진위는 별로 중요하지 않다. 신화 그림책은 세상의 창조, 나라나 지도자의 탄생, 신들의 이야기와 같은 초자연적인 내용을 담고 있다.

우화는 동물을 주인공으로 하여 교훈을 주는 이야기이다. '이솝 우화'에서처럼 간략하고 흥미로운 이야기를 의인화를 통해 전달한다. 우화에 등장하는 동물은 실제 동물의 특성 그대로를 반영한다기보다는 인간의 특성을 빗대어 표현하는 경우가 많다.

② 사실 그림책

사실 그림책은 현실 세계를 그대로 반영하여 이 세상에서 일어나고 있는, 혹은 일어날 수 있는 이야기를 담는다. 유아가 집과 유아교육기관에서 경험하는 일상적인 삶의 모습을 담담하게 그려낸 생활 그림책과 사회적 이슈가 되는 전쟁, 폭력, 빈곤, 장애, 질병 등을 다루는 유형으로 나눌 수 있다.

유아들은 또래가 등장하는 사실 그림책에서 자신과 같은 고민이나 문제를 가지고 있는 책 속의 친구를 만나, 그 문제가 자신만의 것이 아니라는 사실과, 그 문제를 해결해 나가는 과정을 구체적으로 살필 수 있다. 이를 통해 심리적 위안과 안정을 얻고, 현실 생활에서의 문제를 해결해 나가는 기초를 마련한다. 반면, 후자의 그림책들은 어린이들이 다양한 사회적 문제에 대해 진지한 관심을 갖게 만든다.

③ 환상 그림책

환상 그림책에서는 현실을 벗어난 시간, 공간, 사건과 인물이 등장한다. 환상성이 높은 그림책에서는 초자연적인 인물인 도깨비나 괴물이 등장하거나, 다른 세계로의 이동과 같은 사건이 일어난다. 환상성이 비교적 낮은 그림책에서는 사람이 아닌 동물이 의인화되어 이야기를 이끌어 가거나, 현실적인 배경 속에서 하나의 마법적인 도구 또는 사건이 등장하기도 한다. 사실 그림책은 현실적인 인물이 현실의 크고 작은 사건들을 현실적인 방법으로 해결해 나가는 반면, 환상 그림책은 현실적인 인물에 환상적인 존재가 가세하기도 하고 환상적인 공간으로 이동하거나 비현실적인 방법을 동원하여 문제를 해결한다는 점이 다르다.

④ 시 그림책

시 그림책은 동시나 동요와 같은 운문에 그림이 곁들여져 제작된 그림책이다. 펼쳐진 면마다 한 편의 짧은 시가 배치되어 한 권 안에 여러 편의 시가 소개되는 경우도 있고, 한 권의 그림책이 한 편의 시를 바탕으로 구성된 경우도 있다. 시 그림책은 줄거리가 강조된 이야기 그림책에 비해 구성이 단순한 반면 서정적이다. 그림책 문장이 기본적으로 입말을 살리는 리듬감을 특징으로 하지만, 시 그림책의 문장은 특히 강한 운율을 가진다.

(2) 정보 그림책

정보 그림책(informational picture books)은 유아들이 살고 있는 세상에 대한 지식과 정보를 알려주는 그림책이다. 정보 그림책은 유아들에게 보고 읽는 즐거움을 주면서 지적 호기심도 충족시켜 주는 책이다. 정보 그림책을 읽는 동안 학습이 이루어지는 교육적 효과뿐 아니라, 유아들에게 즐거움을 주고 정서 생활을 풍요롭게 하며 상상력을 자극한다는 문학적 효과도 얻을 수 있다. 유아를 위한 정보 그림책에는 개념 그림책, 수 세기 그림책, 말놀이 그림책, 글자 그림책, 놀이 그림책 등이 있다.

① 개념 그림책

그림책은 이야기 전개과정에서 자연스럽게 개념을 제시하는 경우가 많다. 그러나 개념 그림책은 의도적으로 특정 개념이나 기술을 설명하고 연습하도록 그림책을 구성한다. 이러한 유형의 그림책을 개념 그림책(concept book)이라 한다. 기계, 공항, 병원, 소방차 등의 종류나 하는 일들을 사실 그대로 소개하는 책을 개념 그림책이라 한다.

② 수 그림책

수 그림책은 수세기와 기초적인 수 개념의 발달을 돕는다. 수 그림책은 학습만을 목적으로 한 책이 아니라, 수와 관련된 지식을 흥미로운 구성을 통해 제공함으로써 호기심을 불러일으키고 자연스러운 수 개념 발달을 돕기 위한 것이다. 수 그림책에서 가장 많은 부분을 차지하는 내용은 1부터 10 또는 그 이상까지의 숫자를 세는 것이다.

③ 글자 그림책

글자 그림책은 글자 자체에 대한 개념을 담고 있는 그림책이다. 글자 그림책은 유아의 문자 학습을 돕고 말놀이를 촉진하는 기능 이외에도 정보를 전달하는 중요한 기능을 가진다. 자모와 함께 사물을 제시해 사물과 낱자를 인지하도록 돕는다.

(3) 글 없는 그림책

글 없는 그림책(wordless picture books)은 글 없이 그림으로만 구성된 그림책이다. 유아는 글을 읽는 대신 '그림 읽기'를 한다. 유아 스스로 이야기를 구성하는 과정을 통해 이야기의 개념 및 구성, 언어발달과 상상력을 발달시킨다. 글 없는 그림책에서 그림은 더욱 정교하고 상상력 있는 이야기를 구성할 수 있어야 한다. 글이 있는 그림책을 읽을 때 보다 성인과 유아 간의 상호작용 수준을 더 높여 주는 것으로 나타났다(한유진, 2003).

3) 그림책과 유아발달

아기가 초점을 맞추고 목을 가눌 수 있게 되면서부터 부모가 아기를 안고 그림책을 보여 줄 것을 권장할 정도로 그림책 함께 읽기 경험은 유아발달에 중요하다(Makin & Whitehead, 2004). 그림책이 유아의 언어, 인지, 사회, 정서발달에 미치는 영향은 다음과 같다(조경자 · 이현숙 · 이문정 · 곽아정, 2013; Giorgis & Glazer, 2008).

그림책은 유아의 언어, 즉 듣기, 말하기, 읽기, 쓰기의 발달에 핵심적인 역할을 한다. 유아들은 스스로 모국어의 규칙과 문법을 이해하고 자신의 것으로 만들어 간다. 이때 그림책은 언어 학습을 위한 중요한 매개체가 된다. 그림책은 유아들이 언어의 문장 구조를 이해하고 사용하는 데 도움이 되며, 창의적이고 심미적인 언어를 즐기고 활용할 수 있는 기회를 제공한다. 부모나 교사가 그림책을 소리 내어 읽어 주는 경험을 가진 유아들은 듣기능력이 향상되고 자연스럽게 읽기를 배울 수 있는 가능성 또한 증

가한다. 유아들은 좋은 그림책을 보고 듣고 읽는 경험을 통하여 자신의 생각과 감정을 효과적으로 의사소통할 수 있는 기초능력을 갖게 된다.

인지발달적 측면에서 보면 유아기는 지속적으로 새로운 개념을 획득하고 이미 습득한 개념들을 정교화하는 단계이다. 또한 다양한 사고과정 기술을 발전시키고, 논리적 추론능력을 확장하는 시기이기도 하다. 이를 위해 유아들은 문제해결과정에 적극적으로 참여하여 성공하는 경험이 필요하다. 좋은 문학작품은 유아들에게 이러한 인지적 발달의 기회를 제공한다. 유아들은 그림책을 통해 새로운 정보와 개념을 습득하고, 이야기를 들으며 이해하는 과정에서 추론능력을 키울 수 있다. 이 과정에서 어린이들은 관찰, 비교, 분류, 예측 등 다양한 사고과정 기술을 활용할 수 있게 된다.

유아기는 사회적 관계의 확장을 통하여 자기세계를 넓혀가는 시기이다. 또래와의 놀이나 갈등상황을 통해 다른 사람의 감정과 의도가 나와 다름을 인식하고 이를 추론해낼 수 있게 된다. 그림책 속의 등장인물에게 공감하는 과정은 유아들이 이러한 기회를 자연스럽게 접하게 하며, 자신과 다른 사람들에 대해 배우게 되고 다양함을 가치롭게 여기게 한다.

정서적으로 볼 때 유아기는 자기인식과 이해를 바탕으로 긍정적인 자아개념을 발달시키는 중요한 시기다. 유아들은 자신의 감정을 이해하기 시작하며 사회적으로 인정되는 방식으로 자신의 감정을 표현하는 방법을 배우게 된다. 작품 속 주인공의 감정을 이해하며 공유하는 과정을 통해 타인의 감정에 대해 공감하는 능력을 기르게 되며, 두려움 · 공포 · 불안 · 초조 · 죄책감 · 질투심 등의 감정 또한 등장인물들을 통해 간접적으로 경험함으로써 정서적으로 위로 받고 갈등을 해소하게 된다.

유아기 연령별 발달 특성을 고려한 문학작품은 다음과 같다.

(1) 0~2세

영아기는 감각기관과 신체운동을 통하여 인지발달이 이루어지는 시기이다. 영아를 위한 그림책은 만지고 흔들고 눌러 보고 입에 넣어 보는 등 탐색하고 놀 수 있는 놀잇감의 특성을 가지고 있어야 한다(최애린, 2010). 영아용 그림책의 한 형태인 토이북은 영아들의 오감을 충족시킬 다양한 놀잇감이 그림책에 포함되어 있다. 토이북은 대개 영아의 주목을 끌기 위해 그들에게 익숙한 장난감 혹은 매력적인 색깔로 만들어진 놀잇감이 책과 함께 부착되어 있다. 영아들은 놀잇감을 직접 만지면서 상호작용에 참여하게 되고, 책을 더욱 친근하게 느끼게 된다. 두꺼운 보드로 만들어져 손가락을 집어넣어 장난감처럼 놀이할 수 있는 그림책이나 종이를 펼치면 기다란 그림이 나타나는 보드북 형태도 좋아한다. 그림책은 다양한 재질과 촉감을 가진 재료를 사용해야 하며, 입에 넣고 빨아도 안전한 재질과 염료를 사용해야 한다. 또한 세척이 용이하고 책의 무게나 크기, 제본, 모서리 등도 영아에게 알맞게 제작되어야 한다.

혼자서 걷고, 밥을 먹고, 옷을 입고 벗는 등의 자조기술과 관련된 그림책 또한 영아들에게 적절하다. 혼자서 일상적인 일들을 해 내기 위해 여러 번의 반복과 시행착오를 하는 모습을 담은 그림책들은 영아기 어린이들에게 위로와 격려가 되며 동기부여가 된다.

영아용 그림책으로 영아들에게 개념을 알려주는 개념 책, 크기, 색깔, 형태, 공간적 관계, 자신, 가족과 같은 개념을 다룬다(이대균 · 백경순 · 송정원 · 이현정, 2006). 영아용 그림책은 간단한 대상물을 크고 선명하게 그림 그리고 되도록 친숙한 대상물로, 예를 들면 곰이나 장난감, 딸랑이, 사람 얼굴과 같은 것을 포함시키는 것을 권장한다(Puckett & Diffily, 2003). 영아를 위한 그림책의 구성은 영아에게 친숙한 어휘를 사용하여 단순하고 예측가능한 책으로 반복적이고 운율이 있는 형식으로 진행되며 직접화법이 사용되어야 한다. 그리고 글보다 그림이 중심이 되어 그림만 보고도 그 이야기나 내용을 추측할 수 있어야 한다(오애순, 2004).

(2) 3~5세

전조작기 유아는 상징적 사고가 활발해지고 표현능력 또한 증가하지만 아직 논리적 사고를 하지 못하는 단계이다. 자기중심적 사고, 물활론적 사고, 실재론적 사고가 주가 되며 상상놀이가 가장 활발한 시기이다. 물활론적 사고는 생명이 없는 대상이나 현상에 생명을 부여하는 사고로서, 어린이가 동물이나 장난감이 의인화된 환상 그림책이나 옛이야기 그림책을 좋아하는 이유가 된다.

유아기는 언어능력이 급격히 발전하는 단계로서, 감각적이고 재미있는 방식으로 어휘를 소개하는 그림책이나 반복과 리듬을 통해 일정 어휘가 반복되는 그림책은 언어적 감각을 높이고 언어유희를 즐길 수 있게 도와준다. 유아가 흥미 있게 탐구할 수 있는 주제와 관련된 정보 그림책은 깊이 있는 탐구학습으로 확장될 수 있고 어린이들의 호기심을 해소할 수 있는 좋은 기회를 제공한다.

유아기는 긍정적인 자아개념 형성에 결정적인 시기라는 점에서 자아 형성을 돕는 그림책을 소개하는 것이 바람직하다. 신체운동능력이 발달해가는 단계에서 유아가 느낄 수 있는 좌절감이나 형제와 또래관계에서 발생하는 갈등으로 인한 어려움 등이 유아에게 친숙한 소재와 환경을 중심으로 펼쳐지는 그림책 속 이야기는 독자인 유아에게 위안과 안정감을 느끼게 하는 동시에 긍정적인 자아개념을 형성하는 데 도움이 된다.

유아기에는 사회의 편견에 동화되지 않으면서 다양한 가치에 대한 존중을 생활 속

〈표 2-1〉 유아의 연령에 따라 권장되는 그림책의 종류 및 특성

연령	그림책의 종류 및 특성
만 2세 이하 영아	• 사물 개념책, 이름 말하기 책 • 그림의 색과 선이 분명한 책 • 친근하고 실제적인 내용을 담은 책 • 반복, 운율이 있는 간결한 문장이 담긴 책 • 입으로 빨아도 세탁할 수 있는 헝겊 책 • 가지고 다니기에 적당하게 손잡이가 달린 책 • 물에 젖어도 괜찮은 방수 책 • 두꺼운 종이로 만들어진 보드북 • 다치지 않도록 모서리를 둥글게 처리한 책
만 3~4세 유아	• 다양한 의성어와 의태어를 담고 있는 책 • 재미있는 말소리를 담고 있는 책 • 읽어 보았을 때 리듬감이 있는 책 • 반복되는 장면과 이야기로 이루어진 책 • 유아들의 일상생활을 담은 책 • 수, 색, 모양, 개념에 대한 책 • 플랩, 팝업 등 기능성이 추가되어 흥미를 주는 책
만 4~5세 유아	• 이야기 구조가 분명한 책 • 아이의 수준에 맞는 문장들로 쓰인 책 • 상상 이야기, 의인화된 이야기의 그림책 • 글자책, 숫자책 • 분야별로 다양한 정보를 주는 그림책 • 플랩북과 팝업북 • 풍부한 이야기를 끌어내는 글 없는 그림책

출처 : 최나야, 아이좋이 (2011). 그림책을 활용한 통합적 유아교육활동. 경기: 교문사.

에서 자연스럽게 익힐 수 있어야 한다. 이를 위해 성, 인종, 종교, 문화, 전쟁과 폭력, 장애, 개인차 등을 다룬 문학작품을 경험할 수 있는 기회도 충분히 제공해야 한다(조경자 · 이현숙 · 이문정 · 곽아정, 2013).

2. 주제중심 통합교육

1) 주제중심 통합교육의 의의

교육에서 통합이란 개념은 학문이나 경험, 학습 등 모든 것의 전체성에 관심을 두고 접근하는 입장으로, 부분들을 전체에 관련시켜 결합시키는 과정이다(강미희, 2004). 유아교육에서 통합교육은 전인적 발달을 꾀하기 위한 발달영역 간의 통합, 교과영역을 분리하여 가르치지 않고 유아에게 흥미 있고 관심 있는 하나의 생활 주제를 선정해 여러 교과영역을 넘나들면서 유아가 능동적으로 상호작용하고 협력하면서 폭넓은 경험과 문제해결력을 기르기 위한 교과목 및 내용의 통합, 환경구성 및 여러 흥미영역을 연결하는 공간의 통합을 의미한다(한유미 · 김혜선 · 권희경 · 양연숙 · 백은정, 2013). 즉, 전인적 발달과 효율적 학습을 위하여 유아의 경험, 흥미 및 요구와 교육내용을 통합하고 유아와 유아 주변의 인적 및 물적 환경을 통합하며 가르치는 방법으로 정의할 수 있다.

유아교육현장에서 일반적으로 가장 많이 알려진 것은 주제중심 통합교육 모형이다. 이는 한 주제를 중심으로 하여 여러 교과영역을 연결시키고 나아가 유아발달의 여러 영역을 포괄하는 통합적 접근이다(이영자 · 이정욱, 2010). 주제중심 통합교육의 핵심요인은 학습자의 발달 · 흥미 · 요구의 반영, 교실과 실생활과의 연결, 주제중심 활동 속에 교과 학문 내용의 융해, 학습자의 주도성과 교사의 주도성 간의 균형, 자율적 학습자로서의 성장, 학습을 위한 공동 협력자로서의 역할, 문제해결을 위한 탐구능력

향상, 유아교육기관, 가정, 지역사회 간의 협력이다(노영희, 2006).

주제중심 통합교육을 실행하기 위하여 다음과 같은 절차를 고려해야 한다. 첫째, 주제 선정, 둘째 주제 선정의 이유 제시, 셋째 목적과 목표설정, 넷째, 내용 설정, 다섯째, 자료파악, 여섯째, 학습활동 구성 및 실해, 일곱째, 평가 및 수정보완과 같은 절차에 의해 주제 활동이 진행되어야 한다(이금구, 2010). 이와 같은 절차를 현장에서 누리교육과정과 연계하여 적용하는 경우 교사들은 유아들의 생활과 밀접한 주제와 관련하여 주요 교육내용이 교육과정에서 어느 정도 통합성을 가지고 있는지 점검하고 계획한 활동들을 수정할 필요가 있다. 무엇보다 각 활동에서 유아들의 반응을 관찰하고 유아들이 놀이 평가와 함께 제시된 활동 속에 나타난 유아의 개념 수준과 기술 정도 등을 다시 파악하여 활동을 추가 혹은 수정하며 유영하도록 한다. 즉 교사는 유아의 흥미, 발달수준, 사전 경험 등을 고려하여 사전 계획은 철저히 하나 실제 적용과정은 가변적으로 실시하여야 하며 이를 위해서 유아들과 함께 하는 평가 결과가 순환적으로 반영되어야 한다.

주제중심 통합교육은 유아들로 하여금 자신의 경험을 스스로 의미 있게 구성하도록 하고 , 발달영역의 지식을 실생활과 관련짓는 능력을 향상시키는 것으로 나타난다. 즉, 유아들이 학습한 정보들을 의미 있는 개념으로 조직화할 수 있도록 돕는다.

2) 누리과정에 기초한 주제중심 통합교육

누리과정은 유아 심신의 건강과 조화로운 발달을 도와 민주 시민의 기초를 형성하는 것을 목적으로 유치원 교육과정과 어린이집 표준보육과정을 통합한 공통과정이다(보건복지부 · 교육과학기술부, 2012). 2011년 유치원 교육과정과 어린이집 표준보육과정을 통합한 공통과정으로 5세 누리과정이 공포된 후 2012년 3~5세로 확대되어 고시되었으며, 2013년부터 3~5세 유아를 대상으로 적용되고 있다. 누리과정은 유아의 발달과 생활경험을 통합하여 신체운동 · 건강, 의사소통, 사회관계, 예술경험, 자연탐구의 5개 영역으로 구성되어 있다.

누리과정의 운영을 위한 국가수준의 교사용 지도서(교육과학기술부, 2013)와 어린이집 프로그램(보건복지부, 2013)은 누리과정의 내용을 생활 주제중심의 통합교육과정으로 운영할 수 있도록 교육계획 작성 및 운영의 실제와 다양한 교육활동을 제시하고 있다. 유아는 자신을 둘러싼 세상에 대해 배워나갈 때 분리된 내용영역이나 분절된 교과로 배우는 것이 아니라 통합된 전체 경험으로 배우며, 통합은 부분들을 전체에 관련시켜 결합해 가는 과정 속에서 전인적으로 성장하고 발달하기 때문이다.

교육과학기술부(2013)가 개발한 누리과정 교사용 지도서는 11개의 주제를 통해 누리과정을 운영할 수 있는 지침을 제공하고 있으며, 여름과 겨울 방학이 없이 12개월을 운영하는 어린이집을 위하여 보건복지부(2013)는 추가로 3개의 주제를 개발하여 총 15개 주제의 누리과정에 기초한 어린이집 프로그램을 제시하고 있다. 4세 유아를 대상으로 누리과정 교사용 지도서의 생활 주제와 어린이집 프로그램의 연간 주제를 살펴보면 〈표 2-2〉와 같다.

〈표 2-2〉 4세 누리과정 교사용 지도서의 생활 주제와 어린이집 프로그램의 연간 주제

4세 누리과정 교사용 지도서	4세 누리과정 어린이집 프로그램	
생활 주제	연간 주제	
1. 유치원/어린이집과 친구	3월	어린이집과 친구
2. 나와 가족	4월	봄
3. 우리 동네	4~5월	동식물과 자연
4. 동식물과 자연	5월	나와 가족
5. 건강과 안전	6월	우리 동네
6. 생활도구	6~7월	건강과 안전
7. 교통기관	7월	여름
8. 우리나라	7~8월	교통기관
9. 세계와 여러 나라	8~9월	우리나라
10. 환경과 생활	9~10월	세계 여러 나라
11. 봄 · 여름 · 가을 · 겨울	10~11월	가을과 열매
	11~12월	환경과 생활
	12~1월	겨울과 놀이
	1월	생활도구
	2월	형님이 되어요

주제중심의 통합은 유아의 흥미와 발달, 학습에 적합한 주제를 선정하여 이를 탐구하는 과정에서 누리과정의 5개 영역과 관련되는 내용들을 통합하여 학습하는 것이다. 주제를 탐구하기 위해 유아는 여러 활동들을 하게 되는데 이들 활동들은 서로 연관됨으로써 주제에 대해 효과적이며 깊이 있게 이해하도록 돕는다(보건복지부 · 교육과학기술부, 2013). 예를 들어, '여름'이란 생활 주제 아래서 여름의 날씨를 알아보는 활동, 여름에 보이는 곤충과 식물을 탐색하는 활동, 여름철에 먹는 음식과 옷차림, 여름을 시원하게 보내는 방법 등에 관한 활동들을 통해 여름이란 계절에 대해 전체적으로 이해하게 된다. 또한 날씨, 곤충과 식물에 대한 활동들은 자연탐구 영역, 아름다운 계절 풍경을 느끼고 즐기는 예술경험영역, 계절 변화에 따른 건강과 안전에 중점을 둔 신체운동 · 건강영역, 이들 활동들에 수반되는 의사소통과 사회관계영역의 관련 내용들이 통합적으로 다루어진다.

주제를 중심으로 통합적으로 활동들을 운영하기 위하여 교사는 주제 전개에 따른 전체적인 계획을 체계적으로 세워야 한다. 그러나 계획을 그대로 실행하는 것에만 중점을 두기 보다는 유아의 반응과 흥미에 따라 기본의 계획을 수정해 나감으로써 교사와 유아가 함께 만들어 가는 교육이 되도록 해야 한다.

03

그림책을 활용한 주제중심 통합교육

CHAPTER 03

그림책을 활용한 주제주심 통합교육

1. 교육 목표

1) 구성 방향

생활 주제를 중심으로 내용을 구성하여 각 유아교육기관에서 교육활동을 운영할 때 주제에 따라 그림책을 활용하여 통합교육을 실시할 수 있도록 구성한다. 그림책이란 이야기가 담겨진 그림으로 된 책으로서 그 자체가 교육매체가 되기 때문에 여기서는 주제에 적합한 그림책을 선정하여 유아의 발달수준, 흥미 및 요구를 통합하는 활동을 구성한다. 본 프로그램의 기본 방향은 다음과 같다.

첫째, 누리과정의 목표 및 내용에 기초하여 프로그램을 구성한다. 그림책 활동이 신체운동 · 건강, 의사소통, 사회관계, 예술경험, 자연탐구의 영역을 균형 있게 발달시킬 수 있는 통합적 경험이 되도록 한다.

둘째, 생활 주제를 중심으로 프로그램을 구성한다. 본 프로그램은 누리과정에 기초한 생활 주제에서 다루어야 할 내용과 활동을 분석하여 각 주마다 유아의 경험을 확장하고 심화할 수 있는 활동을 구성한다.

셋째, 생활 주제의 목표와 내용에 적합한 그림책을 선정한다. 유아의 발달에 적합하고 교육적 가치가 높은 그림책을 1차 선택한 후 그림책의 내용을 주제에 따라 분류하여 주제별로 그림책을 선택한다.

넷째, 그림책을 읽어 주는 것으로 활동을 시작한다. 활동의 시작은 그림책을 직접 보여주거나 읽는 방법을 통해 이후의 의미 있는 경험이 그림책에서 시작되었다는 것을 인식하도록 한다. 이를 통해 유아에게 그림책의 가치와 교육적 효과를 전달한다.

다섯째, 그림책 활동을 경험한 후 표상활동을 한다. 유아들이 그림책 경험을 한 후 얻은 느낌과 생각을 시각화하는 사후활동을 구성하여 유아의 경험을 자신만의 표상으로 재구성하도록 한다.

여섯째, 국가 수준에서 제공하는 교육프로그램에서 그림책 경험을 심화하고자 하거나 생활 주제와 통합하여 오후, 시간연장, 특별활동 프로그램을 운영하고자 하는 교육활동에 적합하게 개발한다.

2) 목표

그림책을 활용한 주제중심 통합교육은 유아들의 발달적 특성에 적합한 문학적 경험을 통해 유아들의 성장과 발달의 요구를 충족시키고, 여러 가지 상황, 사건, 사물들을 이해하고 해결할 수 있는 기회를 제공하여 바람직한 인격을 형성할 수 있도록 돕는 데 그 목적이 있다. 이러한 목적을 실현할 수 있도록 구체적인 목표를 제시하면 다음과 같다.

첫째, 심신의 건전한 발달을 돕는다. 환상적인 이야기를 통해 일상생활에서 받을 수 있는 갈등적 요소가 해소되고 정서가 순화됨으로써 건강한 인격체로 성장할 수 있다.

둘째, 타인에 대한 이해를 돕는다. 유아들은 자기중심적인 사고의 특성을 가지며, 타인을 이해하는 데 한계를 가지고 있다. 그들은 그림책을 통해 폭넓은 간접체험을 함으로써 다른 나라, 문화, 환경에서 자라는 사람들을 알고 이해하게 된다.

셋째, 도덕성 발달을 돕는다. 그림책 속 등장인물이 도덕적 갈등상황을 해결하는 과정을 경험하면서 사회가 바라는 가치관이나 도덕적 기준을 자연스럽게 이해할 수 있다.

넷째, 감정의 표현 및 창의성 신장을 돕는다. 다양한 문학적 경험은 유아들이 받은 느낌을 자연스럽고 다양하게 표현하게 하는 원천을 제공한다. 이야기를 듣거나 읽은 후의 느낌을 이야기를 회상하며 그리기, 말하기, 동작하기 등 여러 가지 방법으로 표현해 보는 활동은 창의성을 증진시킨다.

다섯째, 우리말에 대한 이해를 돕는다. 그림책에서 표현되고 있는 아름답고 리듬 있는 단어나 구절은 언어에 대한 감수성을 세련되게 하고 작품에 애정을 느끼게 하고 우리말에 대한 이해를 높인다.

여섯째, 일상생활에서 직면하는 문제에 대처할 능력을 기른다. 유아들은 작품 속의 인물이 자신과 비슷한 상황에서 문제를 해결해 나가는 것을 보면서 위안을 얻고 그 과정에서 알게 된 방법을 자신의 생활에 적용할 수 있게 된다.

2. 교육 내용

1) 내용 구성

(1) 생활 주제 내용 분석

누리과정의 목표 및 내용에 기초하여 생활 주제 및 소주제에서 제시하고 있는 누리과정 교사용 지도서(교육과학기술부, 2013)를 중심으로 각 생활 주제에서 4세 유아가 경험할 내용과 활동을 분석한다. 생활 주제가 유치원/어린이집과 친구일 때 생활 주제에서 다루는 소주제별 내용을 주제망으로 나타내면 [그림 3-1]과 같다.

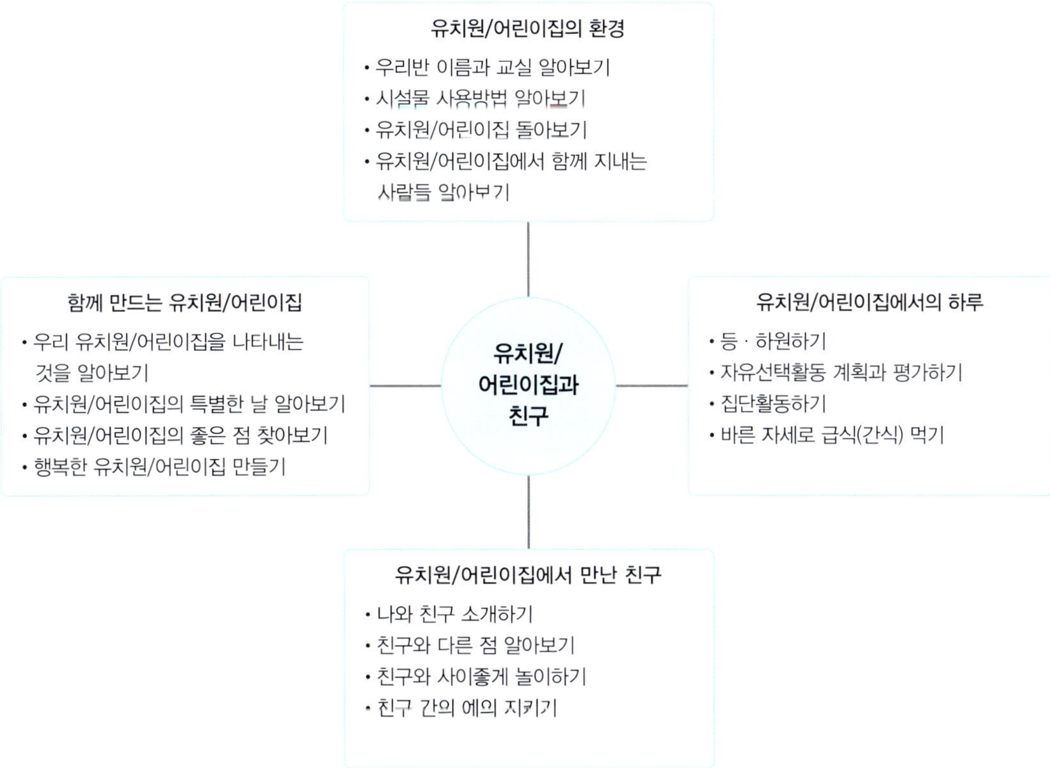

[그림 3-1] 유치원/어린이집과 친구 생활 주제에 대한 주제망

출처 : 교육과학기술부(2013). 4세 누리과정 교사용 지도서

(2) 그림책 선정

생활 주제 및 소주제에 대한 이해를 바탕으로 만 4세 유아에게 적합한 그림책을 선정한다. 국내외의 권위 있는 칼데콧, 한스 크리스티안 안데르센상, 볼로냐 아동도서전 라가치상, 한국어린이도서상, 보림창작그림상을 수상한 그림책이나 어린이도서연구회 등의 권장도서를 중심으로 만 4세 유아에게 발달적으로 적합하며, 생활 주제의 내용을 담고 있는 그림책을 탐색한다. 유치원/어린이집과 친구 생활 주제와 관련하여 1차로 선정된 그림책은 〈표 3-1〉과 같다. 생활 주제별로 1차 선정된 그림책의 목록은 〈부록 1〉을 참조한다.

〈표 3-1〉 유치원/어린이집과 친구 생활 주제를 담고 있는 그림책

그림책	저 자	출판사
유치원에 갈거야!	천미진(글), 이혜영(그림)	키즈엠
야호! 오늘은 유치원 가는 날	염혜숙(글 · 그림)	비룡소
마법사 유치원 선생님	고정욱(글), 김은경(그림)	여름숲
유치원에 간 데이빗	데이빗 섀논(글 · 그림)	지경사
유치원에 간 재키	아이하라 히로유키(글), 아다치 나미(그림)	꿈꾸는 달팽이
마법의 유치원 버스	고정욱(글), 성은(그림)	여름숲
유치원에 가면	김선영(글), 배현주(그림)	애플비
유치원에 가기 싫어!	하세가와 요시후미(글 · 그림)	살림어린이
엄마, 유치원에 또 갈래요!	줄리엣 불라르(글 · 그림)	주니어 김영사
보리의 시끌벅적 유치원	김세실(글), 양송이(그림)	뜨인돌 어린이
유치원엔 네가 가!	지우(글 · 그림)	어린이 작가정신
고양이 스플랫은 유치원이 좋아!	롭 스코튼(글 · 그림)	살림어린이
유치원에 처음 가는 날	코린 드레퓌스(글), 나탈리 슈(그림)	키다리
유치원에 가는 날이에요	마가렛 와일드(글), 데이비드 레게(그림)	중앙출판
구룬파 유치원	니시우치 미나미(글), 호리우치 세이치(그림)	한림
괜찮아	최숙희(글 · 그림)	웅진주니어
그건 내 조끼야	나카에 요시오(글), 우에노 노리코(그림)	비룡소
내 거야	레오 리오니(글 · 그림)	마루벌
내 귀는 짝짝이	히도 반 헤네흐텐(글), 기도 반 게네흐텐(그림)	웅진주니어
내 친구 깡총이	에릭 로만(글 · 그림)	바다어린이
둘이서 둘이서	김복태(글 · 그림)	보림
새앙쥐와 태엽쥐	레오 리오니(글 · 그림)	마루벌
우리 친구하자	쓰쓰이 요리코(글), 하야시 아키코(그림)	한림출판
친구를 데려가도 될까요?	베아트리체 솅크 드 레그니에스(글), 베니 몽트레소(그림)	시공주니어
레옹의 유치원 일기	세르쥬 블로쉬(글 · 그림)	크레용하우스

생활 주제의 목표 및 내용을 고려하고 그림책이 지닌 교육성, 예술성, 흥미성을 기준으로 최종 그림책을 선정한다. 유치원/어린이집과 친구 생활주제와 관련하여 최종

선정된 그림책은 〈표 3-2〉와 같다. 본 프로그램에서 선정된 그림책의 목록은 〈부록 2〉를 참조한다.

〈표 3-2〉 유치원/어린이집과 친구 생활 주제에 따라 선정된 그림책

월	주 제	소주제	그림책 소개
3	어린이집과 친구	어린이집의 환경	레옹의 유치원 일기 세르쥬 블로쉬(글 · 그림), 크레용하우스 레옹은 유치원에 입학하게 되면서 아침에 일찍 일어나는 것이 힘들긴 하지만 선생님과 친구들이 함께 시간을 보내면서 유치원에 적응해 가게 된답니다. 유치원에 처음 가는 아이들의 설레는 마음과 두려운 마음을 레옹을 통해 이야기 해주는 그림책입니다.
		어린이집에서의 하루	유치원에 간 데이빗 데이빗 섀논(글 · 그림), 시공사 유치원에 간 데이빗은 늘 쉴 새 없이 말썽을 피운답니다. 그 장난에 모두 고개를 절레절레. '안돼, 데이빗!' 아무리 야단쳐도 소용이 없지요. 말썽꾸러기이고 장난이 끊일 날이 없지만 그런 데이빗을 선생님은 사랑하신답니다.
		어린이집에서 만난 친구	괜찮아 최숙희(글 · 그림), 웅진주니어 개미는 너무 작고, 고슴도치는 따끔거리는 가시가 많습니다. 하지만 각 동물들은 저마다의 장점을 가지고 있다고 말합니다.
		함께 만드는 어린이집	구룬파 유치원 니시우치 미나미(글), 호리우치 세이치(그림), 한림 게으름뱅이이며 외톨이인 구룬파가 용감하게 길을 떠났지만 어려움에 부딪치고 자신감을 잃습니다. 그러나 구룬파가 만든 유치원이 구룬파와 어린이들에게 행복감을 안겨줍니다.

(3) 그림책을 활용한 주제중심 통합교육 프로그램 내용 구성

주제별로 선정된 그림책을 활용하여 신체운동 · 건강, 의사소통, 사회관계, 예술경험, 자연탐구의 발달을 도모할 수 있는 통합적인 활동을 구성한다. 12개월을 운영하는 어린이집을 위하여 총 15개의 생활 주제를 선정한 보건복지부(2013)의 4세 누리과정에 기초한 어린이집 프로그램의 생활 주제를 중심으로 활동을 구성한다. 본 프로그램에서는 신체운동 · 건강, 의사소통, 사회관계 영역의 활동 각 9개, 예술경험, 자연탐구 영역의 활동 각 10개로 총 47개의 활동을 구성한다. 그림책을 활용한 주제중심 통합

교육 프로그램의 내용 구성은 〈표 3-3〉과 같다.

〈표 3-3〉 그림책을 활용한 주제중심 통합교육 프로그램 내용 구성

월	주 제	소주제	선정된 그림책	활동영역	활동방법
3	어린이 집과 친구	어린이집의 환경	레옹의 유치원 일기	사회관계	한 명의 유아가 교실에서 가장 좋아하는 영역에 보물을 숨겨두고 다른 유아들이 찾는 게임을 한다.
		어린이집에서의 하루	유치원에 간 데이빗!	신체운동 · 건강	'OO반!'에서 지켜야 할 우리 반의 규칙을 정하고 꾸민다.
		어린이집에서 만난 친구	괜찮아	의사소통	여러 동물의 장점을 살펴보고, 나와 친구들의 장점을 찾아 작은 책을 만든다.
		함께 만드는 어린이집	구룬파 유치원	예술경험	구룬파와 함께 놀이할 수 있는 재미있는 어린이집을 창의적으로 꾸며 본다.
4	봄	봄의 변화	사계절	자연탐구	사계절을 대표하는 것들을 분류해보고, 그것으로 사계절 책을 만든다.
		봄의 풍경	우리 순이 어디 가니	사회관계	한지를 이용해 알록달록 꽃을 붙여 봄의 풍경을 꾸며 본다.
4~5	동식물과 자연	동식물과 우리생활	숲 속에서	자연탐구	친구들과 숨바꼭질, 남대문 놀이 등을 해보고, 면봉 찍기로 각 장면을 꾸며 본다.
		궁금한 동식물	괴물들이 사는 나라	신체운동 · 건강	나만의 괴물 가면을 만들고, 동작을 흉내 내며 괴물소동을 벌인다.
		자연과 더불어 사는 우리	곰 사냥을 떠나자	의사소통	상황에 맞는 의태어를 알아보고, 의태어에 맞게 동작으로 표현해 본다.
5	나와 가족	나의 몸과 마음	몸의 구석구석이 말하기를	자연탐구	신체기관의 명칭과 하는 일을 수수께끼 카드와 움직임으로 맞추는 게임을 한다.
		소중한 나	네가 태어난 날엔 곰도 춤을 추었지	사회관계	엄마가 아기가 태어났을 때를 회상하며 유아에게 편지를 쓴다.
		소중한 가족	코끼리 아빠다	자연탐구	우리 가족을 떠올려 보고, 각 가족에게 연상되는 동물을 찾아본다.
		가족의 생활과 문화	100층짜리 집	예술경험	친구들과 함께 101층엔 누가 살고 있을지 상상해서 꾸며 본다.

6	우리 동네	우리 동네 모습	구름빵	사회관계	시청각 매체를 이용해 구름빵 노래를 불러보고, 등장인물 가면을 만들어 표현해 본다.
		우리 동네 사람들	악어도 깜짝 치과 의사도 깜짝	신체운동 · 건강	영상매체를 이용해 올바른 이닦기 방법을 알아보고, 직접 이닦기 활동을 해 본다.
		우리 동네 전통과 문화	우리 동네 한 바퀴	의사소통	도서관에서 지켜야 할 규칙을 알아보고, 우리 동네의 공공기관인 도서관을 직접 방문한다.
6~7	건강과 안전	즐거운 운동과 휴식	개구쟁이 해리! 목욕은 정말 싫어요	신체운동 · 건강	목욕과 위생의 중요성에 대해 알아보고, 교실의 더러워진 물건을 직접 닦아본다.
		맛있는 음식과 영양	난 토마토 절대 안 먹어	자연탐구	야채의 특징적인 맛이나 모양을 탐색하고, 아이클레이로 만들어 본 후, 독특한 음식 이름을 지어 본다.
7	여름	여름의 날씨와 물놀이	검피 아저씨의 뱃놀이	예술경험	등장인물이 되어 뱃놀이하는 모습을 동극으로 표현해 본다.
		여름 풍경	비 오는 날 또 만나자	신체운동 · 건강	비 오는 날에 만났던 동물들의 특징을 잘 살려 신체표현을 해 본다.
7~8	교통 기관	여러 가지 육상 교통기관	난 자동차가 참 좋아	예술경험	여러 가지 탈것을 다양한 모양의 색종이를 이용해 구성해 본다.
		고마운 육상 교통기관	그림책 버스 뚜뚜	사회관계	친구들과 아트콘을 이용해 창의적인 자동차와 찻길을 만들어 공동 작품을 완성한다.
		항공, 해상 교통기관	구름공항	자연탐구	구름의 생성원리에 대해 알아보고, 풍선을 이용해 구름비행기를 만들어 타 본다.
		즐거운 교통 생활	야, 우리 기차에서 내려	의사소통	장소, 등장인물, 탈 것을 넣어 문장을 완성해 본다.
8~9	우리 나라	우리나라 사람들의 생활	팥죽 할머니와 호랑이	신체운동 · 건강	맛있는 팥죽을 친구들과 나누어 먹어 보고, 호랑이가 되어 각 장면을 동작으로 표현해 본다.
		우리나라의 놀이와 예술	아무도 모를 거야 내가 누군지	사회관계	여러 가지 탈의 종류를 알아보고, 나만의 '탈' 책을 만들어 본다.
		우리나라의 역사, 자랑거리	숨쉬는 항아리	예술경험	찰흙으로 항아리를 만들어 물건을 담아 전시해 본다.

9	세계 여러 나라	세계 여러 나라 사람들의 생활	모자 쓰고 인사해요	의사소통	'세계의 인사 노래'를 불러보고, 그 나라의 모자를 쓰고, 인사말을 따라해 본다.
10	가을과 열매	가을 풍경	산에 가자	자연탐구	가을 나뭇잎의 특징을 관찰한 후, 친구들과 함께 가을 나무를 꾸며 본다.
		가을의 변화	나뭇잎이 달아나요	예술경험	여러 가지 가을 나뭇잎을 이용해 구성해 보고, 붓펜으로 그려서 가을을 완성해 본다.
		풍성한 가을	바빠요 바빠	예술경험	허수아비에 대해 알아보고, 아이클레이로 창의적인 허수아비를 만들어 본다.
		추석과 놀이	가을을 만났어요	의사소통	가을 동시를 감상하고, 가을 동시를 한 줄씩 지어 완성해 본다.
		가을 나들이	아기 곰의 가을 나들이	자연탐구	어린이집 주변을 산책하며 가을 풍경을 사진에 담아 각자가 느끼는 가을을 이야기해 본다.
11	환경과 생활	물과 우리 생활	무지개	예술경험	물의 순환과정을 알아보고, 작은 책 만들기를 해 본다.
		돌 · 흙과 우리 생활	선인장 호텔	사회관계	우리반 친구들이 함께 모여 사는 선인장 호텔을 만들어 본다.
		바람 · 공기와 우리 생활	바람이 좋아요	의사소통	뱀 바람개비를 만들어 바람에 날려 보고, 가을 바람 동시를 개사해 본다.
		빛과 우리 생활	아빠, 달님을 따 주세요	자연탐구	달의 변화과정을 알아보고, 호일을 이용해 밤하늘의 달을 만들어 본다.
12	겨울과 놀이	겨울 풍경	우리끼리 가자	예술경험	눈결정체 모양을 관찰하고, 솜공과 결정체 모양으로 겨울 풍경을 꾸며 본다.
		신나는 겨울 놀이	썰매 타는 암소 무	신체운동 · 건강	친구들과 썰매타기 할 때의 주의점에 대해 알아보고, 두 명씩 짝이 되어 직접 썰매를 타 본다.
		건강한 겨울나기	손 큰 할머니의 만두 만들기	사회관계	우리나라 음식에 대해 알아보고, 유아들과 직접 만두를 만들어 나누어 먹어 본다.
		감사와 사랑을 나눠요	할머니의 수프	자연탐구	'나눔'의 소중함에 대해 느끼고, 수프와 피자를 나누어 보면서 1:1대응을 알아본다.

1	생활 도구	다양한 생활 도구	파란의자	신체운동 · 건강	주변의 생활도구를 찾아보고, 그 도구를 이용한 다양한 활용 방법을 시범 보인다.
		생활도구를 움직이는 힘	꼬마 곰의 모험	예술경험	꼬마 곰이 가지고 있던 마술연필로 발명품을 만들어 본다.
		미래의 생활 도구	굴러라 바퀴야	신체운동 · 건강	미래의 생활도구, 즉 생활을 편리하게 해주는 창의적인 자동차를 만들어 본다.
2	형님이 되어요	많이 컸어요	조각이불	의사소통	조각 천(색종이)과 어린이집 환경 사진을 이용하여 나만의 조각이불을 만들어 본다.
		동생들에게 알려 주어요	피터의 의자	사회관계	자신이 사용하던 것 중에서 동생들에게 물려줄 물건을 찾아보고, 편지와 함께 전달해 본다
		형님이 될 준비를 해요	난 뭐든지 혼자 할 수 있어	의사소통	혼자 할 수 있는 일들을 생각해 보고, 메모장에 적어 게시판에 붙여 완성해 본다.
전체			47개 활동	신체운동 · 건강, 의사소통, 사회관계 각 9개 활동 예술경험, 자연탐구 각 10개 활동	

2) 내용 조직

(1) 소주제별 교육활동 분석

누리과정의 생활 주제 및 소주제에 따라 발달적으로 적합한 그림책을 선정하고 주별 소주제의 교육활동 목록에 대한 내용 분석을 한다. 통합적 접근을 보다 바람직하게 운영하기 위해서 활동의 균형성을 검토하는 과정이 필요하다. 따라서 주제와 연관하여 계획된 모든 활동의 내용을 분석한다. 이러한 분석의 과정은 활동을 균형 있고 통합적으로 접근할 수 있도록 교사의 아이디어를 도우며 그림책 활동의 목표를 분명하게 제시할 수 있다. 유치원/어린이집과 친구 생활 주제에 따른 유치원/어린이집에서의 하루 주제에 대한 교육활동은 〈표 3-4〉와 같다.

〈표 3-4〉 유치원/어린이집에서의 하루 주제에 대한 교육활동 목록표

주제	소주제	주요내용	활동명	활동 유형 (영역)	누리과정 주요관련영역
유치원/어린이집에서의 하루	등하원 하기	• 유치원/어린이집 등하원 시간을 잘 지킨다. • 안정하게 등 · 하원할 수 있는 방법을 알고 지킨다. • 유치원/어린이집 생활에 적합한 옷차림을 한다. • 선생님, 친구들과 만나고 헤어질 때 먼저 인사를 한다.	(2-1) 유치원/어린이집 오는 길	쌓기놀이	사회관계, 자연탐구
			(2-2) 유치원/어린이집 버스에서는	역할놀이	신체운동 · 건강, 사회관계
			(2-4) 유치원/어린이집에서 편한 옷차림 코디하기	수 · 조작	신체운동 · 건강, 사회관계, 자연탐구
			(2-13) 유치원/어린이집에서	음악	예술경험
			(2-15) 등원 길 따라 리듬 맞춰 걷기	신체	신체운동 · 건강
			(2-19) 루페로 바깥놀이터의 자연물을 관찰해요	바깥놀이	사회관계, 자연탐구
	자유선택 활동 계획과 평가하기	• 유치원/어린이집에서는 내가 스스로 놀이를 계획하고 선택할 수 있음을 안다. • 주어진 시간을 생각하며 놀이를 한다. • 놀이가 끝난 후에는 놀잇감을 정리하고 평가해 본다. • 놀이 규칙이 필요할 때는 선생님, 친구들과 함께 정해본다.	(2-3) 어떤 놀이를 좋아하니?	언어	의사소통, 사회관계
			(2-5) 즐거운 하루 보내기	수 · 조작	자연탐구
			(2-6) 신기한 돋보기	과학	자연탐구
			(2-7) 나만의 사인 만들기	미술	사회관계
			(2-10) 자유선택활동은 스스로 계획-놀이-평가하기	이야기 나누기	의사소통, 사회관계, 자연탐구
			(2-11) 실수야, 실수	동화	의사소통, 사회관계
			(2-14) 나는 할 수 있어	음악	사회관계, 예술경험
	집단활동 하기	• 함께하면 더 좋은 활동이 있음을 안다. • 바른 태도로 말한다. • 집단활동에서의 약속과 규칙이 있음을 알고 지킨다. • 내가 하고 싶은 것을 참아야 하는 상황이 있음을 이해한다.	(2-9) 캐스터네츠 말리듬놀이	음률	예술경험
			(2-12) 함께하는 건 재미있어	동시	의사소통, 사회관계
			(2-16) '약속의 말' 듣고 행동하기	게임	신체운동 · 건강, 의사소통, 사회관계
			(2-18) 주세페의 그림 기법으로 그림을 표현해요.	미술	예술경험, 자연탐구

바른 자세로 급식(간식) 먹기	• 급식(간식)을 먹기 전에 손을 깨끗하게 씻는다. • 음식의 중요성을 알고 다양한 음식을 경험해 본다. • 급식(간식)을 먹을 만큼 담아 남기지 않고 먹는다. • 급식(간식)을 먹은 후에는 주변을 스스로 정리한다. • 급식(간식)을 먹을 때 지켜야 할 예절을 알고 지킨다.	(2-8) 내가 조리사 선생님이라면?	미술	신체운동 · 건강, 예술경험
		(2-17) 채소 샐러드 밥 만들기	미술	신체운동 · 건강, 예술경험, 자연탐구

출처: 교육과학기술부(2013). 4세 누리과정 교사용 지도서.

(2) 소주제별 그림책 활동 주제망 조직

교육활동과 유기적으로 연계되고 유아의 경험을 통합할 수 있는 그림책 활동으로 주제망을 조직한다. 신체운동 · 건강, 의사소통, 사회관계, 예술경험 및 자연탐구영역에서 유아가 경험할 수 있는 활동으로 구성한다. 유치원/어린이집에서의 하루 주제에 대한 그림책 활동의 주제망은 [그림 3-2]와 같다.

[그림 3-2] 유치원/어린이집에서의 하루 주제에 대한 그림책 활동 주제망

(3) 그림책을 활용한 주제중심 통합교육 활동 계획안 작성

그림책을 활용한 주제중심 통합교육 활동의 목표를 수립하고, 그림책 열기, 그림책 펼치기, 그림책 나오기의 전개과정에서 다양한 언어, 수, 과학, 미술, 음악, 동극, 신체 활동을 통해 유아의 경험과 놀이가 통합적으로 이루어지도록 구성한다. [그림 3-3]은 유치원/어린이집에서의 하루 주제와 관련하여 구성한 활동의 예이다.

활동명 : 규칙을 지켜요

활동목표 :

· 신체운동 · 건강 ➔ 안전하게 생활하기 ➔ 안전하게 놀이하기
규칙을 지켜 안전하게 놀이할 수 있다.

· 사회관계 ➔ 더불어 생활하기 ➔ 공동체에서 화목하게 지내기
공동생활에서 지켜야 할 규칙을 알 수 있다.

활동자료 :

· 《유치원에 간 데이빗》 그림책
· 색도화지, 매직

활동방법 :

그림책 열기

1. 《유치원에 간 데이빗》 표지를 보며 어떤 이야기가 펼쳐질지 상상해 본다.
   - 데이빗의 표정이 어떤 것 같아요?
   - 왜 이런 표정을 짓고 있을까요?
   - 데이빗이 지금 교실에서 어떤 행동을 하고 있는 것 같아요?
2. 그림책을 읽는다.

그림책 펼치기

3. 그림책 내용을 회상한다.
   - 유치원에 간 데이빗이 어떤 행동을 했어요?
   - 밝은 햇살반 친구들도 집에서 이런 행동을 한 적이 있나요?
   - [illegible]
   - 위험한 행동을 해서 엄마나 선생님께 '안 돼'라는 말을 들었을 때 기분이 어땠어요?
4. 안전한 어린이집 생활을 위해 우리 반에서 지켜야 할 규칙을 다 함께 정해 본다.
   - 교실에서 다치지 않기 위해 우리는 어떤 규칙을 정해야 할까요?

61

   - 교실에서 뛰지 않아요.
   - 차례차례 줄을 서요.
   - 친구와 싸우지 않아요.
   - 장난감 정리를 잘해요.

그림책 나오기

5. 우리가 정한 규칙을 다시 한 번 살펴보고, 교실의 적당한 곳에 게시하여 스스로 정한 규칙을 지킬 수 있도록 한다.

62

[그림 3-3] 그림책을 활용한 주제중심 통합교육 활동 계획안

3. 교수방법

1) 그림책 열기

그림책 열기는 그림책 소개하기와 그림책 읽어 주기 두 개의 과정으로 구성된다. 그림책 소개하기에서 교사의 역할과 유의해야 할 점은 다음과 같다.

- 그림책의 내용과 특징을 미리 파악해서 그림책을 어떤 방식으로 읽어 줄지, 어떤 질문이나 이야기를 할지 미리 계획한다.
- 유아들이 모두 제자리에 앉았는지, 책이 잘 보이는 자리에 앉았는지 확인한다.

유아의 수가 적으면 유아와 같은 방향으로 앉아 친밀한 분위기에서 읽어 줄 수 있도록 한다.

- 그림 표지의 제목과 그림을 함께 본다. 그림책을 읽기 전에 내용을 추측하게 함으로써 책에 대한 흥미를 유발한다. 선정된 그림책 제목을 한 글자씩 짚으며 천천히 읽어 주고, 그림책 표지의 그림과 제목을 통해 책의 내용을 추측하게 한다.
- 그림책의 저자, 삽화가, 출판사에 대해서도 유아가 이해할 수 있는 범위 내에서 알려준다. 저자와 삽화가를 소개하면 유아 자신이 즐겁게 보는 그림책이 누군가가 지은 이야기와 그림인 것을 알게 되고, 자신만의 이야기나 그림을 그리는 동기를 갖게 된다.

그림책 읽어 주기는 유아의 언어수준과 상상력, 주의집중 시간을 고려하여 유아의 반응을 감지하면서 읽어 준다. 그림책 읽어 주기에서 교사의 역할과 유의해야 할 점은 다음과 같다.

- 소리 내어 읽는 연습을 하여 보다 흥미롭고 효과적으로 내용을 전달할 수 있도록 한다.
- 등장인물의 감정과 이야기의 분위기를 적절한 목소리로 표현하고, 내용에 따라 읽는 속도와 목소리의 크기를 조절하여 읽어 준다. 부자연스러운 억양, 과도한 몸짓은 오히려 몰입을 방해할 수 있으므로 피하고 자연스럽게 읽어 준다.
- 유아들의 연령과 발달 수준을 고려하여 필요하면 문장을 수정, 생략하거나 단어를 바꾸어 읽어 준다.
- 읽어 주기 과정에서 유아의 선호와 반응의 다양성을 수용하고 격려한다. 유아와 눈을 맞추면서 유아의 반응을 살핀다.
- 내용이나 그림에 대해 어린이들이 나타내는 여러 가지 반응을 수용하도록 한다. 교사도 필요하면 적절한 질문이나 이야기를 할 수 있다. 그러나 이야기의 흐름이 끊기지 않도록 유의한다.
- 유아와 함께 읽기를 시도할 수 있다. 반복되는 단어나 문장에 대하여 유아들이 함께 읽을 수 있도록 격려한다.

2) 그림책 펼치기

그림책 펼치기는 그림책 회상하기와 그림책과 관련된 활동으로 구성된다. 그림책 회상하기에서는 재미있는 내용이나 그림을 회상하며 이야기 나눈다. 그림책 회상하기에서 교사의 역할과 유의해야 할 점은 다음과 같다.

- 어떤 부분이 재미있었는지, 누가 나왔으며, 기억나는 사건이 있는지, 특정한 상황에서 어떤 감정을 느꼈는지 등 개방식 질문을 통해 유아의 생각을 이야기해 보는 시간을 갖는다.
- 그림책을 보면서 등장인물이나 상황을 이야기하거나 수수께끼, 손인형, 등장인물 그림카드 등 다양한 교구를 활용하여 그림책 회상을 즐겁게 진행한다.
- 그림책에서 받는 감동과 즐거움을 고려하여 적절한 회상활동을 한다. 그림책의 내용을 정확히 이해하는가에만 목적을 둔 질문이나 반응 요구는 오히려 방해가 될 수 있다.
- 교사는 유아의 그림책에 대한 이해도를 파악하고, 활동 전개 시 유아가 주도성을 갖고 스스로 참여할 수 있는 환경을 조성할 수 있다.

그림책과 관련된 활동은 그림책이 매개가 되어 유아가 신체, 언어, 수, 과학, 음률, 이야기 나누기, 동극, 게임이 통합된 교육활동에 유아가 즐겁게 참여할 수 있도록 지도한다. 소주제의 활동목표와 그림책 활동의 활동목표에 도달할 수 있도록 하는 놀이 경험이 될 수 있도록 한다. 그러나 무엇보다 중요한 것은 유아의 그림책에 대한 이해와 즐거움을 깊게 할 수 있는 경험이 되어야 할 것이다.

3) 그림책 나오기

그림책 소개하기, 그림책 읽어 주기, 그림책 회상하기와 그림책을 활용한 주제통합 활동에 대한 유아의 경험을 이야기 나누고 의미를 공유하는 시간을 갖는다. 오늘 활동 재미있었나요? 와 같은 단순한 평가보다는 그림책과 활동 간, 유아와 그림책 등장인물 간, 활동과 활동 간에서 유아가 경험한 내용이 통합될 수 있도록 지도한다.

4. 평가

1) 표상활동

그림책과 같은 문학 활동은 유아에게 여러 종류의 그림책을 읽어 주고 그림책 관련 활동을 하는 것으로 끝나는 것으로 충분하지 않다. 유아는 반복적으로 읽고 표상하는 경험을 통해 구체적인 상황과 등장인물에 대한 관심과 이해를 확대해 나가고, 그림책에 몰입하는 즐거움을 갖기 때문이다(박선희, 이송은, 2003). 여기서 표상(representaion)이란 경험이나 지식이 조직되는 방법과 기호의 사용방법에 관련된 것이다. 표상을 통해서 유아들은 이전에 들은 이야기를 생각하고 자신의 반응과 결합시키고 경험을 재구성하여 언어나 그림 등의 상징적인 기호로 표현하게 된다.

본 프로그램에서는 그림책 활동을 경험한 유아가 그림책과 활동에 대한 자신들의 경험을 회상하고 기억을 되살려 다양한 방법으로 표현해 보는 표상활동을 그림책 활동에 대한 유아 평가과정으로 해석하여 활동을 실시한 후 표상활동을 실시한다. 표상활동은 활동 후 이어서 진행하거나 유아가 개별적으로 그림책을 다시 보며 진행하기도 한다. 다음은 유치원에 간 데이빗 그림책을 매개로 유치원/어린이집에서의 하루 주제활동을 한 후 실시한 표상활동이다.

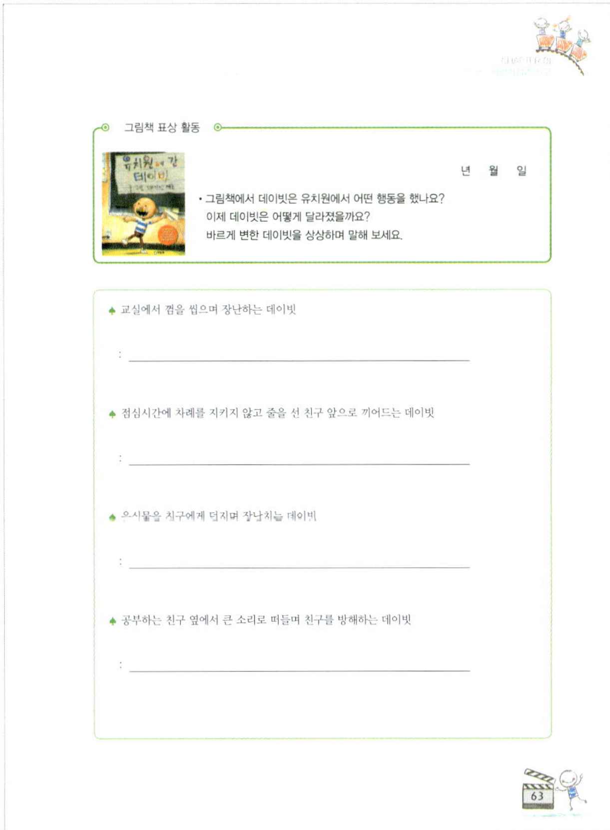

그림책 표상 활동

년 월 일

• 그림책에서 데이빗은 유치원에서 어떤 행동을 했나요?
이제 데이빗은 어떻게 달라졌을까요?
바르게 변한 데이빗을 상상하며 말해 보세요.

♠ 교실에서 껌을 씹으며 장난하는 데이빗

: ______

♠ 점심시간에 차례를 지키지 않고 줄을 선 친구 앞으로 끼어드는 데이빗

: ______

♠ 음식물을 친구에게 던지며 장난치는 데이빗

: ______

♠ 공부하는 친구 옆에서 큰 소리로 떠들며 친구를 방해하는 데이빗

: ______

63

[그림 3-4] 그림책을 활용한 주제중심 통합교육의 표상활동지

2) 평가

그림책을 활용한 주제중심 통합교육 프로그램을 실시한 후 평가는 프로그램과 유아를 대상으로 이루어질 수 있다. 프로그램의 내용과 방법이 유아에게 적절한가, 유아가 활동에 흥미를 보이고 열중하는가에 대해 교사가 각 활동마다 유아의 반응을 일화로 기록하고 표상활동을 한 활동에 대해서는 작품들을 모아두고 평가에 참조한다.

유아의 활동 참여와 표상활동은 유아가 이야기를 얼마나 잘 이해하고 있고, 표현을 얼마나 잘 하는가를 평가할 수 있고 이에 따라 그림책 활동의 적합성과 유아의 발달 수준을 평가할 수 있다. 또한 그림책 활동 프로그램이 유아의 발달에 기반을 둔 누리과정의 목표 및 내용에 얼마나 기여했는가를 평가한다.

PART II

그림책을 활용한 주제중심 통합교육의 실제

01

어린이집과 친구

활동주제 : 어린이집과 친구 – 어린이집의 환경

그 림 책 : 레옹의 유치원 일기

《레옹의 유치원 일기》 | 세르쥬 블로쉬(글 · 그림) | 크레용하우스

유치원에 입학하게 된 레옹은 아침에 일찍 일어나는 것이 힘들긴 하지만
선생님과 친구들이 함께 시간을 보내면서
유치원에 적응해 가게 된답니다.
유치원에 처음 가는 아이들의 설레는 마음과
두려운 마음을 레옹을 통해 이야기 해주는 그림책입니다.
레옹처럼 유치원이나 어린이집에 처음 가게 된 아이들에게
좀 더 잘 적응할 수 있도록 도와줄 것입니다.

주제 통합 활동

≪레옹의 유치원 일기≫ 주제 통합 활동

의사소통
- 우리 반, 친구 이름 알고 말해보기
- 내가 본 놀이기구

사회관계
- 유치원(어린이집)에 처음 가는 날 마음 말해 보기
- 친구와 보물찾기★

신체운동 · 건강
- 유치원(어린이집)버스 안전규칙 지키기
- 놀이기구 타 보기

자연탐구
- 유치원(어린이집) 놀이터 둘러보기

예술경험
- 교실에서 가장 좋아하는 장난감 그리기

활동명 : 보물찾기

활동목표 :

- 사회관계 ➔ 더불어 생활하기 ➔ 친구와 사이좋게 지내기
  친구와의 놀이를 통해 사이좋게 지내는 방법을 알 수 있다.
- 의사소통 ➔ 말하기 ➔ 느낌, 생각, 경험 말하기
  상황에 맞게 자신의 경험을 언어로 표현할 수 있다.

활동자료 :

- 《레옹의 유치원 일기》 그림책
- 장난감이나 자신이 좋아하는 물건

활동방법 :

그림책 열기

1. 《레옹의 유치원 일기》 표지를 보며 이야기 나눈다.
   - 친구가 간 곳은 어디일까요?
   - 그림에 보이는 친구들의 표정은 어떤 것 같아요?
   - 이곳에서는 어떤 일들이 생길까요?
2. 그림책을 읽는다.

그림책 펼치기

3. 그림책을 회상해 본다.
   - 주인공의 이름은 뭐예요?
   - 주인공은 어디에 가는 걸까요?
   - 레옹이 처음 유치원에 갔을 때 교실의 모습은 어땠어요?
   - 레옹은 유치원에서 어떤 놀이들을 했나요?
   - 나중에 레옹은 유치원이 왜 좋아졌을까요?
4. 어린이집에서 가장 인상적인 모습을 그려 본다.
   - 우리 어린이집은 어떻게 생겼어요?

- 어린이집에서 가장 재미있는 곳은 어디예요?
- 어린이집에서 하는 놀이 중에서 가장 좋아하는 놀이는 뭐예요?
- 우리 친구들이 가장 좋아하는 노래는 뭐예요?
- 우리 반에서 가장 친한 친구는 누구예요?
- 혹시 하기 싫거나 어려운 일이 있나요?

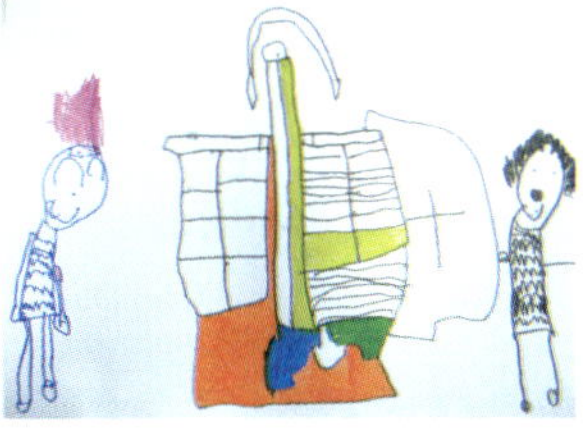

5. 우리 교실에서 내가 가장 좋아하는 놀이영역을 소개해 본다.
   - 엄마에게 어린이집에서 내가 가장 좋아하는 곳이 어디인지 말해 보자.
   - 교실에서 가장 좋아하는 놀이영역이 어디인지 말해 보자.
6. 가장 좋아하는 놀이영역에 보물을 숨겨 놓고 보물찾기 게임을 한다.
   - 친구들이 눈을 가리고 있으면 내가 가장 좋아하는 영역에 보물을 숨겨 놓는다.
   - 친구들에게 내가 좋아하는 영역과 보물의 특징에 대해 힌트를 준다.

     예 그림을 그릴 수 있고, 만들기를 할 수도 있어. 그것은 동그란 모양이야.
   - 그 힌트를 듣고 먼저 손을 드는 유아가 보물찾기를 할 수 있다.

그림책 나오기

7. 친구들과 보물찾기 게임을 하면서 어려웠거나 재미있었던 점에 대해 이야기해 본다.

그림책 표상 활동

년 월 일

• 빈 칸을 글이나 그림으로 표현해 우리 유치원 또는 어린이집을 소개해 보세요.

○○○○ 어린이집/유치원

활동주제 : 어린이집과 친구 – 어린이집에서의 하루
그 림 책 : 유치원에 간 데이빗

《유치원에 간 데이빗》 | 데이빗 섀논(글 · 그림) | 지경사

유치원에 간 데이빗은 늘 쉴 새 없이 말썽을 피운답니다.
그 장난에 모두 고개를 절레절레.
'안 돼, 데이빗!' 아무리 야단쳐도 소용이 없지요.
말썽꾸러기이고 장난이 끝일 날이 없지만
그런 데이빗을 선생님은 사랑하신답니다.

주제 통합 활동

≪유치원에 간 데이빗≫ 주제 통합 활동

의사소통

- 그림 보며 상황 이야기 나누기
- 데이빗에게 편지 써 보기

사회관계

- 엄마와 데이빗의 마음은 어떨까요?
- 표정 보고 기분 말해 보기

신체운동 · 건강

- 보자기 슈퍼맨 놀이
- 안전규칙 지키기★

자연탐구

- 어린이집 또는 유치원 주변 둘러보기

예술경험

- 우리 반(우리 가족) 약속판 꾸며 보기

활동명 : 규칙을 지켜요

활동목표 :

- 신체운동 · 건강 ➔ 안전하게 생활하기 ➔ 안전하게 놀이하기
  규칙을 지켜 안전하게 놀이할 수 있다.
- 사회관계 ➔ 더불어 생활하기 ➔ 공동체에서 화목하게 지내기
  공동생활에서 지켜야 할 규칙을 알 수 있다.

활동자료 :

- 《유치원에 간 데이빗》 그림책
- 색노와시, 배식

활동방법 :

그림책 열기

1. 《유치원에 간 데이빗》 표지를 보며 어떤 이야기가 펼쳐질지 상상해 본다.
   - 데이빗의 표정이 어떤 것 같아요?
   - 왜 이런 표정을 짓고 있을까요?
   - 데이빗이 지금 교실에서 어떤 행동을 하고 있는 것 같아요?
2. 그림책을 읽는다.

그림책 펼치기

3. 그림책 내용을 회상한다.
   - 유치원에 간 데이빗이 어떤 행동을 했어요?
   - 밝은 햇살반 친구들도 집에서 이런 행동을 한 적이 있나요?
   - 교실에서 친구들도 위험한 행동을 해 본 적 있어요?
   - 위험한 행동을 해서 엄마나 선생님께 '안 돼'라는 말을 들었을 때 기분이 어땠어요?
4. 안전한 어린이집 생활을 위해 우리 반에서 지켜야 할 규칙을 다 함께 정해 본다.
   - 교실에서 다치지 않기 위해 우리는 어떤 규칙을 정해야 할까요?

- 교실에서 뛰지 않아요.
- 차례차례 줄을 서요.
- 친구와 싸우지 않아요.
- 장난감 정리를 잘해요.

그림책 나오기

5. 우리가 정한 규칙을 다시 한 번 살펴보고, 교실의 적당한 곳에 게시하여 스스로 정한 규칙을 지킬 수 있도록 한다.

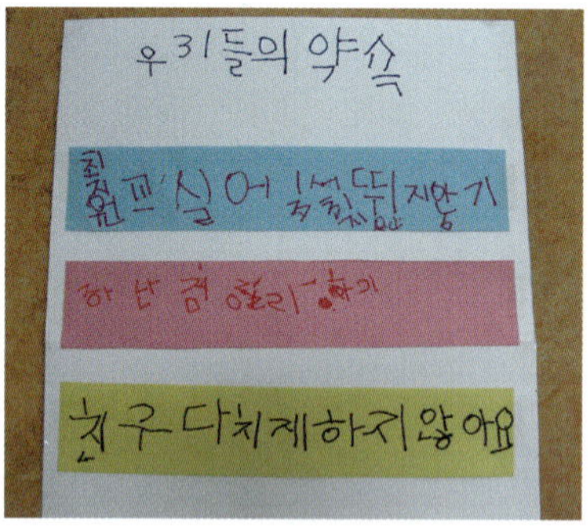

그림책 표상 활동

년 월 일

- 그림책에서 데이빗은 유치원에서 어떤 행동을 했나요?
  이제 데이빗은 어떻게 달라졌을까요?
  바르게 변한 데이빗을 상상하며 말해 보세요.

♠ 교실에서 껌을 씹으며 장난하는 데이빗

: ____

♠ 점심시간에 차례를 지키지 않고 줄을 선 친구 앞으로 끼어드는 데이빗

: ____

♠ 음식물을 친구에게 던지며 장난치는 데이빗

: ____

♠ 공부하는 친구 옆에서 큰 소리로 떠들며 친구를 방해하는 데이빗

: ____

활동주제 : 어린이집과 친구 – 어린이집에서 만난 친구
그 림 책 : 괜찮아

《괜찮아》 | 최숙희(글 · 그림) | 웅진주니어

여자아이가 보기에는 동물들이 참 이상합니다.
개미는 너무 작고, 고슴도치는 따끔거리는 가시가 많습니다.
또, 뱀은 다리가 없고, 타조는 새면서 날지 못합니다.
하지만 각 동물들은 저마다의 장점을 가지고 있다고 말합니다.
이에 질세라 동물들도 아이에게 "그럼 너는?" 하고 물어봅니다.
여자아이가 나라면 나는 무엇이라고 대답할까요?

주제 통합 활동

≪괜찮아≫ 주제 통합 활동

의사소통

- 나의 장점 말해보기★
- 친구에게 궁금한 점 물어보기

사회관계

- 친구의 장점 칭찬하기

신체운동 · 건강

- 음악에 맞춰 나만의 포즈 취하기

자연탐구

- 나와 다른 친구 얼굴 관찰하기

예술경험

- 내 얼굴, 친구 얼굴 그려 보기
- 친구 이름 넣어 노래 만들기

활동명 : 난 괜찮아

활동목표 :

- 의사소통 ➔ 말하기 ➔ 느낌, 생각, 경험 말하기
  자신의 장점에 대해 이야기할 수 있다.
- 자연탐구 ➔ 탐구하는 태도 기르기 ➔ 탐구과정 즐기기
  다양한 동물의 특징을 탐색할 수 있다.

활동자료 :

- 《괜찮아》 그림책
- 그림책 자료, 쓸 수 있는 도구(연필 또는 색연필)

활동방법 :

그림책 열기

1. 《괜찮아》 표지를 보며 이야기 나눈다.
   - 친구의 표정이 어떤 것 같아요?
   - 우리 친구들은 언제 '괜찮아'라고 이야기하나요?
2. 그림책의 제목을 유추해 본다.
3. 그림책을 읽는다.

그림책 펼치기

4. 그림책을 회상해 본다.
   - 개미는 작지만 왜 괜찮다고 했어요?
   - 고슴도치, 뱀, 타조, 기린은 각각 단점이 있음에도 불구하고 왜 모두 괜찮다고 했나요?
   - 동물 친구들이 여자 친구에게 '그럼 너는?'이라고 물었을 때 여자 친구는 어떤 대답을 했나요?
5. 유아들과 그림 자료를 보며 괜찮다고 말하는 이유에 대해 이야기 나눈다.

6. 유아들에게 그림책 마지막 장면을 나누어 주고, 자신의 장점 또는 잘할 수 있는 것에 대해 생각해 보고 글로 써 보도록 한다.

그림책 나오기

7. 유아들이 완성한 내용을 모아 책으로 만든다.

그림책 표상 활동

년 월 일

- 나는 세상에서 하나뿐인 소중한 존재입니다.
  나의 특별한 점을 글과 그림으로 표현해 보세요.

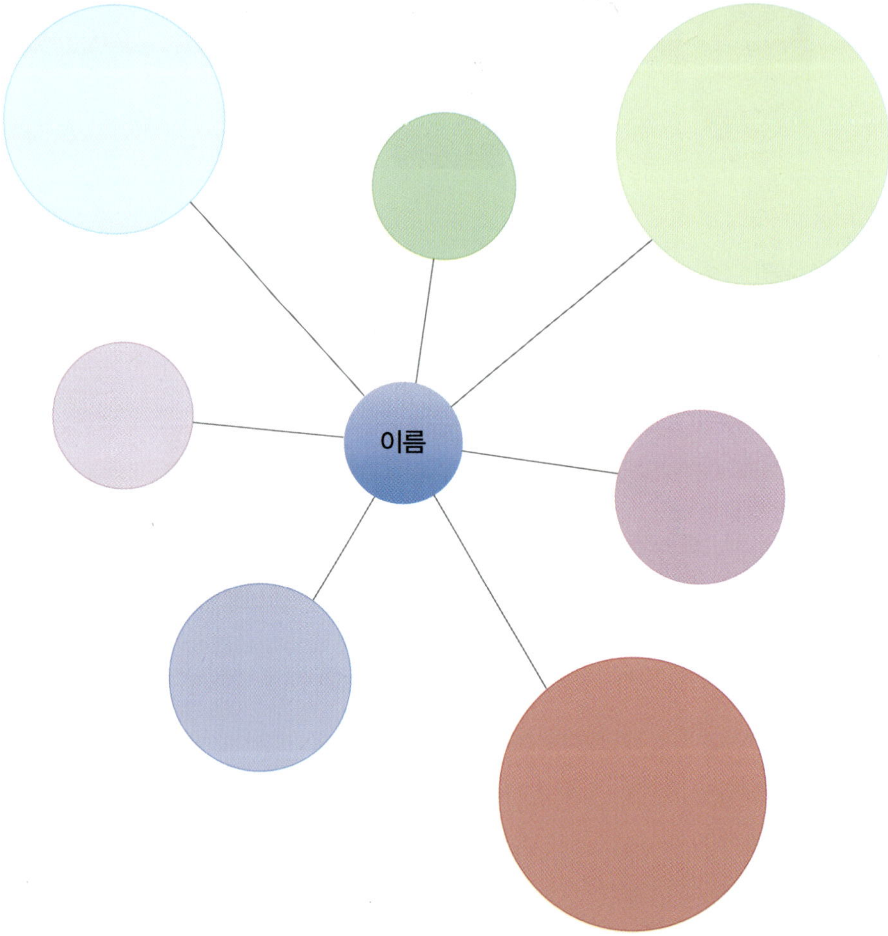

활동주제 : 어린이집과 친구 – 함께 만드는 어린이집
그 림 책 : 구룬파 유치원

《구룬파 유치원》| 니시우치 미나미(글), 호리우치 세이치(그림) | 한림

게으름뱅이이며 외톨이인 구룬파가 용감하게 길을 떠나는데
만나는 상황마다 어려움에 부딪치고 자신감을 잃습니다.
그러나 구룬파가 만든 유치원이
구룬파와 어린이들에게 행복감을 안겨 주지요.

주제 통합 활동

《구룬파 유치원》 주제 통합 활동

의사소통
- 구룬파 유치원에 있는 것 이야기해 보기
- 구룬파에게 그림편지 쓰기

사회관계
- 좋아하는 장난감 함께 가지고 놀기

신체운동 · 건강
- 나만의 놀이터 구성해 보기

자연탐구
- 구룬파 쿠키 만들기
- 교실에 있는 놀잇감 크기 재어 보기

예술경험
- 폐품 이용하여 코끼리 만들기
- 나만의 유치원 꾸며 보기★

활동명 : 신나는 어린이집

활동목표 :

- 신체운동 · 건강 ➔ 안전하게 생활하기 ➔ 안전하게 놀이하기
  나만의 어린이집을 창의적으로 꾸며 볼 수 있다.
- 사회관계 ➔ 더불어 생활하기 ➔ 공동체에서 화목하게 지내기
  자신이 생각하는 신나는 어린이집을 말로 표현할 수 있다.

활동자료 :

- 《구룬파 유치원》 그림책
- 색지, 달 것 도안, 크레파스, 꾸밀 재료(뽕뽕이, 노끈, 금줄, 색테이프, 눈알), 오공본드

활동방법 :

그림책 열기

1. '코끼리와 거미줄' 손유희를 한다.
2. '구룬파 유치원'은 어떤 유치원일지 상상해 본다.
3. 그림책을 읽는다.

그림책 펼치기

4. 그림책을 회상해 본다.
   - 구룬파는 왜 외톨이로 살았을까요?
   - 친구 코끼리들은 회의에서 구룬파를 위해 무엇을 하기로 했나요?
   - 구룬파 코끼리는 어떤 유치원을 만들었나요?
5. 내가 구룬파가 되어 여러 가게(비스킷 가게, 접시 가게, 구두 가게, 피아노 가게, 자동차 가게)에서 일을 했다면 나는 어떤 것들을 만들었을지 상상해 본다.
   - 내가 비스킷 가게에서 일을 했다면 나는 어떤 비스킷을 만들었을까?
   - 내가 피아노 가게에서 일을 했다면 어떤 재미있는 피아노를 만들었을까?

• 내가 자동차 가게에서 일을 했다면 나는 어떤 자동차를 만들었을까?

6. '내가 만일 구룬파라면…' 나는 어떤 신나는 어린이집을 만들 것인지 나만의 어린이집을 창의적으로 꾸며 보고, 이름도 지어 본다.

그림책 나오기

7. 내가 만든 어린이집의 이름과 특징을 친구들에게 소개해 본다.

그림책 표상 활동

년 월 일

- 여러분이 다니고 있는 어린이집이나 유치원을 비스킷 · 접시 · 구두 · 피아노 중에서 골라 멋지게 변신시켜 보세요.

02

봄

활동주제 : 봄 – 봄의 변화

그 림 책 : 사계절

《사계절》 | 존 버닝햄(글 · 그림) | 시공주니어

계절의 변화에 대해서 설명한 유아를 위한 그림동화입니다.
봄에는 새들이 둥지를 틀고 돼지가 코로 땅을 파헤치고 새끼 양들이 뛰놀고 오리들이 물장구를 치고 꽃이 핍니다.
여름에는 옥수수가 여물고 방학이 있고, 더위가 기승을 부립니다.
가을과 겨울에는 또 어떤 재미있는 일들이 펼쳐질까요?

주제 통합 활동

≪사계절≫ 주제 통합 활동

의사소통

- 책 만들어 보기
- 잡지에서 봄, 여름, 가을, 겨울 글자 찾아보기

사회관계

- 좋아하는 계절 소개하기

신체운동 · 건강

- 사계절 관련 음악 들으며 신체 표현하기

예술경험

- 계절에 관련된 명화 감상하기

자연탐구

- 사계절의 날씨 변화 알아보기★

활동명 : 사계절 책 만들기

활동목표 :

- 자연탐구 ➔ 과학적 탐구하기 ➔ 자연현상 알아보기
  사계절의 특징에 대해 알 수 있다.
- 예술경험 ➔ 아름다움 표현하기 ➔ 미술활동으로 표현하기
  사계절의 특징을 표현한 책을 만들어 볼 수 있다.

활동자료 :

- 《사계절》 그림책
- 사계절 사진 자료, 색도화지, 사인펜, 가위, 솜, 풀

활동방법 :

그림책 열기

1. '씨앗' 손유희를 한다.
2. 그림책 표지를 보며, 어떤 장면을 표현한 것인지 이야기해 본다.
3. 그림책을 읽는다.

그림책 펼치기

4. 그림책에서 사계절(봄, 여름, 가을, 겨울)은 각각 어떤 특징이 있었는지 회상해 본다.
   - 봄에는 어떤 변화가 있었나요?
   - 여름에는 어떤 변화가 있었나요?
5. 그림에서 보이는 각 계절의 느낌은 어떤지 이야기해 본다.
   - 각 계절의 그림을 보면 어떤 색이 떠오르나요?
   - 각 계절은 어떤 느낌이 드나요?
6. 그림책에서 보이는 사계절의 나무를 관찰하며, 각각의 특징을 찾아본다.
   - 봄 나무는 어떤 색이에요?

- 봄 나무는 어떤 느낌이 들어요?
- 봄 나무에서 어떤 소리가 들릴 것 같아요?
- 봄에는 어떤 놀이를 하면 좋을까요?

7. 유아 각자가 생각하는 사계절(봄, 여름, 가을, 겨울)을 꾸며 책을 만들어 본다.
   - 사계절의 특징에 대해 생각해 본다.
   - 색도화지를 책 모양으로 접는다.
   - 사계절 특징에 맞는 사진자료와 미술재료를 이용해 사계절 팝업북을 만든다.

그림책 나오기

8. 각자 만든 사계절 팝업북을 친구들에게 보여 주며 자신이 가장 좋아하는 계절은 무엇이며, 왜 좋아하는지에 대해 이야기해 본다.

   - 작은책 만드는 법

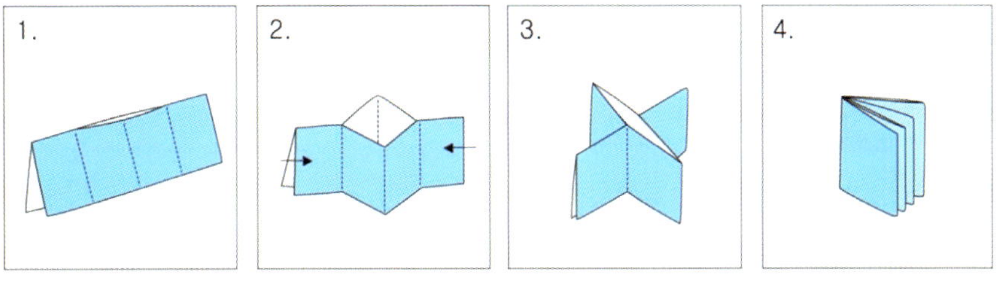

그림책 표상 활동

년 월 일

• 계절마다 자연은 여러 가지 모습을 보여 주지요. 아래의 나무에 계절마다 달라지는 모습을 꾸며 보세요.

봄

여름

가을

겨울

활동주제 : 봄 – 봄의 풍경

그 림 책 : 우리 순이 어디 가니

《우리 순이 어디 가니》 | 윤구병(글), 이태수(그림) | 보리

엄마와 함께 고개 넘어 밭을 갈고 계신

할아버지와 아버지의

새참을 가져다 드리러 가는 과정에서

순이는 개구리와 뻐꾸기, 다람쥐와 들쥐, 장승 등

시골에서 만날 수 있는 친근한 동물들을 만납니다.

봄의 시골 풍경을 본 적이 있나요?

무엇을 보았나요?

주제 통합 활동

≪우리 순이 어디 가니≫ 주제 통합 활동

의사소통

- 봄꽃 이름 말해 보기
- 봄의 느낌 표현해 보기

사회관계

- 친구와 함께 봄 동산 꾸미기★

신체운동 · 건강

- 봄 동산 꾸미기
- 개구리 뜀뛰기

자연탐구

- 봄에 피는 꽃과 꽃씨 관찰하기
- 꽃씨 심기

예술경험

- 한지 찢어 붙여 봄 풍경 꾸며 보기

활동명 : 봄의 풍경

활동목표 :

- 사회관계 ➔ 더불어 생활하기 ➔ 공동체에서 화목하게 지내기
  친구들과 협동하여 공동 작품을 만들어 볼 수 있다.
- 자연탐구 ➔ 과학적 탐구하기 ➔ 자연현상 알아보기
  봄에 피는 꽃을 알아보고, 관찰할 수 있다.

활동자료 :

- 《우리 순이 어디 가니》 그림책
- 배경 그림, 한지, 풀, 도화시, 색연필, 사인펜

활동방법 :

그림책 열기

1. 《우리 순이 어디 가니》 표지의 그림을 보며 이야기 나눈다.
   - 그림을 보니 어떤 느낌이 들어요?
   - 봄·여름·가을·겨울 중에서 어떤 계절일까요?
   - 봄이 온 것을 어떻게 알 수 있어요?
2. 그림책을 읽는다.

그림책 펼치기

3. 그림책을 회상해 본다.
   - 순이와 엄마는 어디에 무엇을 하러 갔나요?
   - 가는 길에 누구누구를 만났어요?
4. 봄에 볼 수 있는 풍경에는 어떤 것들이 있는지 이야기해 본다.
5. 그 중에서 봄에 볼 수 있는 꽃들을 알아보고, 자세히 관찰해 본다.

6. 봄 배경 그림을 나누어 주고, 친구들과 함께 공동으로 한지를 찢어 붙여서 봄 풍경을 꾸며 보도록 한다.

- 봄 풍경을 어떻게 꾸밀 것인지 친구들과 이야기 나눈다.
- 색도화지에 한지를 찢어 봄에 볼 수 있는 꽃들을 꾸민다.
- 봄 풍경에 어울리는 배경을 사인펜과 색연필을 이용해 그려서 완성한다.

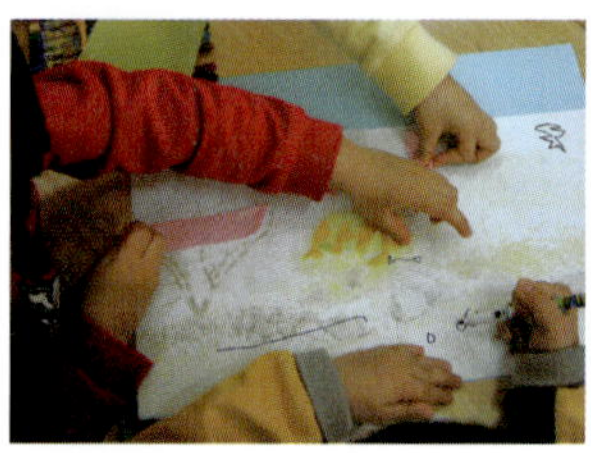

그림책 나오기

7. 완성된 작품을 보며 자신이 꾸민 곳은 봄에 본 풍경 중에서 어떤 모습을 표현한 것인지 친구들에게 이야기해 본다.

그림책 표상 활동

년 월 일

• 그림책 속에서 여러 가지 봄의 친구들을 만나 보았지요?
주변을 산책하여 아래의 봄꽃을 찾아보고 내가 찾은 봄꽃 사진을 오려서 붙여 보세요.

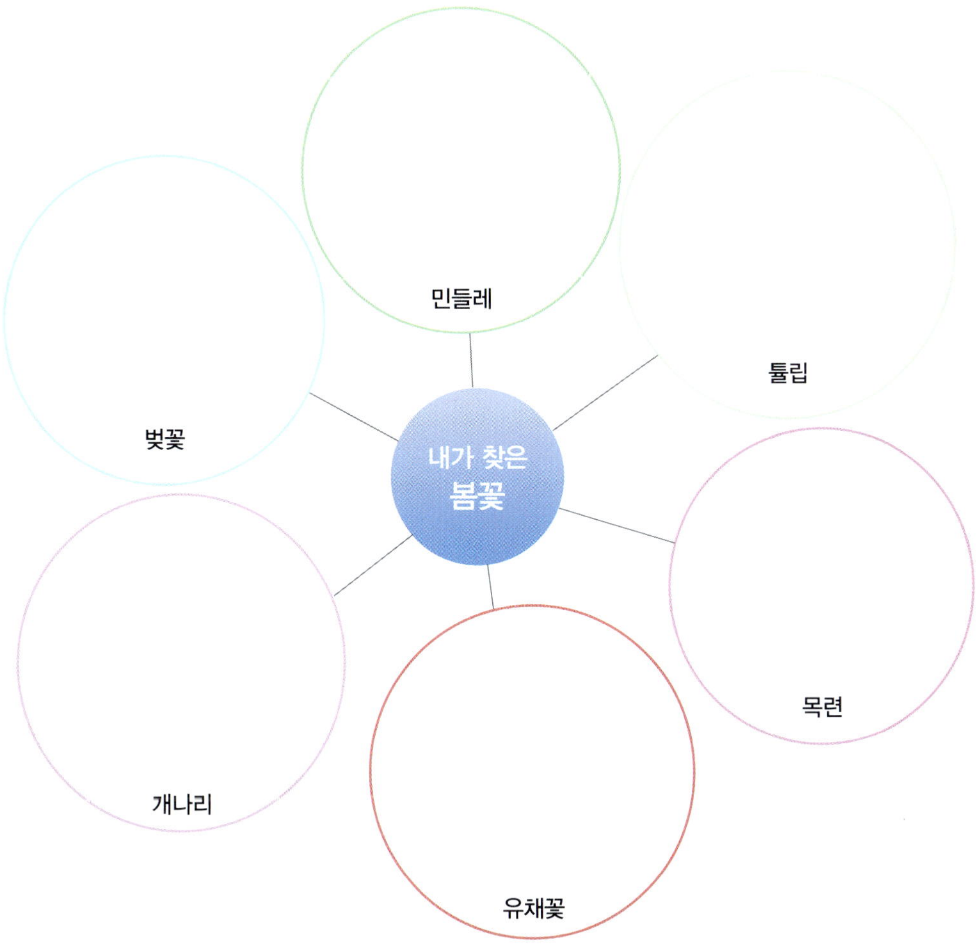

03

동식물과 자연

활동주제 : 동식물과 자연 – 동식물과 우리 생활

그 림 책 : 숲 속에서

《숲 속에서》 | 마리 홀 에츠(글 · 그림) | 시공주니어

숲 속을 산책하다
커다란 사자의 자는 모습,
코끼리 두 마리가 물장난 치는 모습을
구경합니다.
숲 속에서 만나는 동물 친구들과 일행이 되어
숲 속 여기저기를 함께 구경해 보아요.

주제 통합 활동

≪숲 속에서≫ 주제 통합 활동

의사소통

- 숲 속에서 만난 동물 이름 말해 보기
- 만약 내가 숲 속에서 동물을 만난다면…

사회관계

- 숲 속에서 산책하다 길을 잃었다면…

신체운동 · 건강

- 동화에서 나온 놀이 해보기

자연탐구

- 어미 동물과 아기 동물 짝지어 보기
- 숲 속에선 어떤 일이 일어날까?★

예술경험

- 동화 속 나처럼 고깔모자와 나팔 만들어 보기

활동명 : 숲 속에서 생긴 일

활동목표 :

- 자연탐구 ➔ 과학적 탐구하기 ➔ 생명체와 자연환경 알아보기
  숲 속의 모습을 관찰해 볼 수 있다.
- 예술경험 ➔ 아름다움 표현하기 ➔ 미술활동으로 표현하기
  점묘화법으로 숲 속을 꾸며볼 수 있다.

활동자료 :

- 《숲 속에서》 그림책
- 그림책 장면 그림, 물감, 팔레트, 면봉, 색지

활동방법 :

그림책 열기

1. 《숲 속에서》 표지의 그림을 보며 이야기를 나눈다.
   - 동물들이 어디에서 걷고 있나요?
   - 숲 속에서는 어떤 일들이 펼쳐질까요?
   - 숲을 보니 어떤 느낌이 들어요?
2. 그림책을 읽는다.

그림책 펼치기

3. 그림책을 회상해 본다.
   - 숲 속에서 소년은 어떤 동물들을 만났나요?
   - 숲 속에서 만난 동물들은 어떤 행동을 하고 있었나요?
   - 숲 속에서 소년과 동물들은 어떤 놀이를 했나요?
4. 숲 속에서 친구들과 함께 해 보고 싶은 놀이를 생각해 본다.
5. 유아들과 손수건 돌리기, 남대문놀이, 숨바꼭질 놀이를 함께 해본다.
   - 유아들과 하고 싶은 놀이를 정한다.
   - 놀이할 때 지켜야 할 규칙을 함께 정한다.

- 정해진 규칙에 따라 놀이를 한다.
- 놀이를 한 후, 느낌에 대해 이야기를 나눈다.

6. 그림책에서 원하는 장면을 각자 선택해서 면봉을 사용해 점묘화법으로 표현해 본다.

그림책 나오기

7. 색칠한 숲 속 장면을 모아 친구들과 이야기 꾸미기를 해 본다.

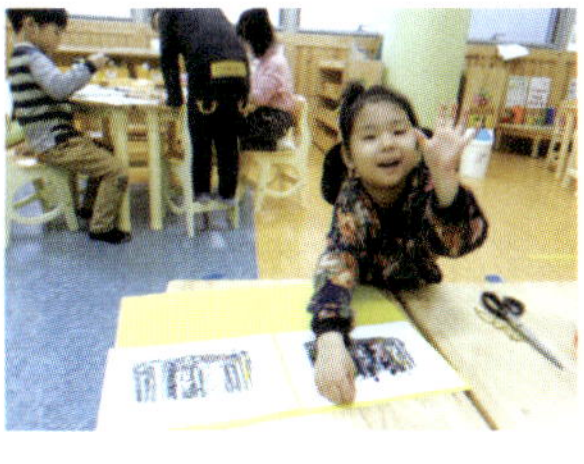

그림책 표상 활동

년 월 일

- 그림책에 나온 친구가 머리에 쓰고 있던 고깔모자를 만들어 쓰고 여러분도 숲 속을 산책해 보세요.
- 누구와 만나 어떤 이야기를 나눌 수 있을까요? 그림으로 그려 보고 이야기해 보세요.

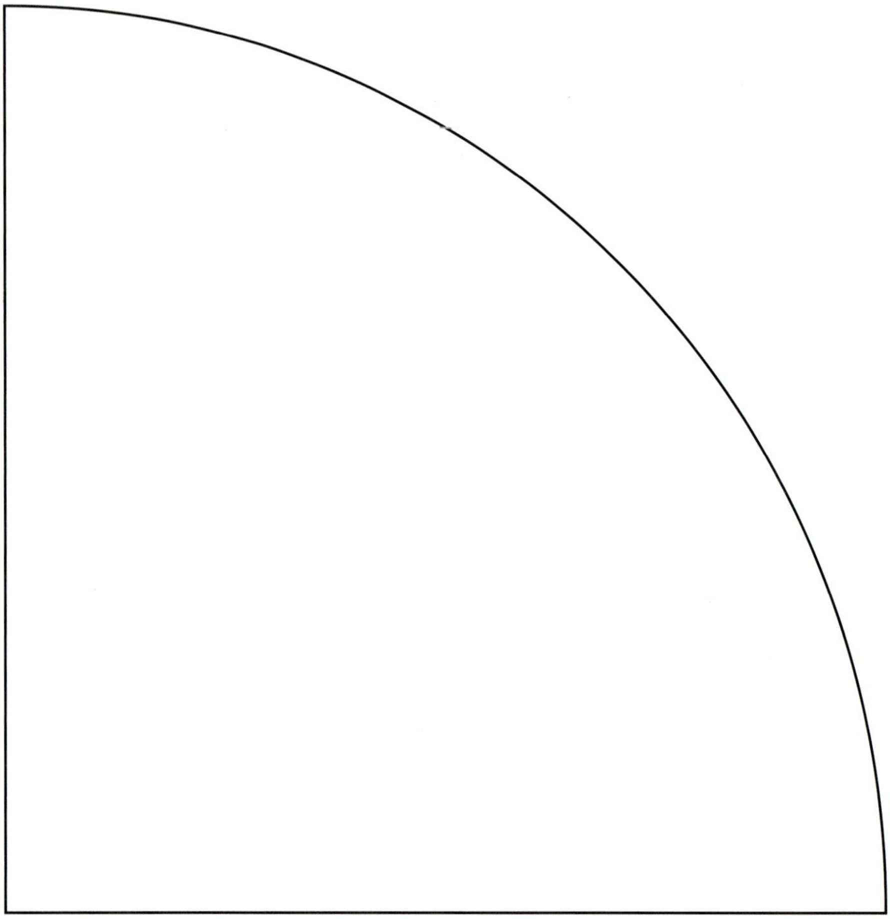

활동주제 : 동식물과 자연 – 궁금한 동식물
그 림 책 : 괴물들이 사는 나라

《괴물들이 사는 나라》 | 모리스 샌닥(글 · 그림) | 시공주니어

늑대 옷을 입고 장난치던 맥스는
엄마에게 벌을 받아 방에 갇히게 되었답니다.
맥스가 자기 방에서 벌을 받는데
방이 밀림과 강으로 변하는 것이 아니겠어요?
맥스는 배를 타고 괴물들의 나라로 가서 괴물들을 단숨에 제압하고
함께 즐겁고 행복하게 놀았답니다.
그런데 어디선가 맛있는 냄새가 나는 거예요.
그 냄새를 따라갔더니….
과연 어떤 일이 생겼을까요?

주제 통합 활동

≪괴물들이 사는 나라≫ 주제 통합 활동

의사소통

- 나의 괴물이름 지어 보기
- 내가 만약 괴물이라면…

사회관계

- 역할가면 만들어 극놀이 해보기

신체운동 · 건강

- 블록으로 배 만들어 노 저어 보기
- 괴물 되어 보기★

예술경험

- 내가 꾸며서 만든 괴물가면

자연탐구

- 숲 속의 다양한 나뭇잎 모양 관찰하기

활동명 : 괴물은 동물일까? 식물일까?

활동목표 :

- 신체운동 · 건강 → 신체활동에 참여하기 → 자발적으로 신체활동에 참여하기
  다양한 동물들의 움직임을 표현해 볼 수 있다.
- 예술경험 → 아름다움 표현하기 → 통합적으로 표현하기
  상상 속의 동물 가면을 만들고, 소리와 동작으로 표현해 볼 수 있다.

활동자료 :

- 《괴물들이 사는 나라》 그림책
- 가면 만들 재료(바닐라시, 노란고무줄, 펀치), 색연필, 사인펜

활동방법 :

그림책 열기

1. 《괴물들이 사는 나라》 표지의 그림을 보며 이야기를 나눈다.
   - 이곳은 어디일까요?
   - 괴물들이 사는 나라에는 어떤 생김새의 괴물들이 살고 있을까요?
   - 괴물들은 무엇을 먹고, 어디에서 생활할까요?
   - 괴물들은 식물일까요? 동물일까요?
2. 그림책을 읽는다.

그림책 펼치기

3. 그림책을 회상해 본다.
   - 괴물들이 사는 나라에선 어떤 일들이 있었나요?
   - 괴물들은 각자 어떤 특징들이 있어요?
   - 동물과 괴물은 어떤 공통점이 있을까요?
   - 괴물들이 사는 나라에는 어떤 종류의 식물들이 살고 있을까요?
4. 만약 내가 맥스라면 괴물들이 사는 나라에서 무엇을 해보고 싶은지 이야기 해 본다.

5. 그림책에 나온 괴물이 되어 얼굴 표정과 동작을 흉내 내 본다.

6. 얼굴 모양의 종이에 상상하는 괴물 표정을 그려 가면을 만든다.
   - 도화지를 유아 얼굴 크기로 동그랗게 잘라 준비한다.
   - 도화지에 유아가 생각하는 상상 속의 괴물 표정을 그린다.
   - 눈 부분에 구멍을 뚫고, 고무줄을 연결해 얼굴에 쓸 수 있도록 한다.

그림책 나오기

7. 완성된 괴물 가면을 쓰고, 모든 유아가 괴물이 되어 우리 반만의 괴물소동을 벌여 본다.

그림책 표상 활동

년 월 일

• 여러분이 생각하는 괴물나라의 괴물은 어떤 모습인가요?
그림을 그려서 괴물 가면을 만들어 쓰고 괴물나라의 왕이 되어 보세요.

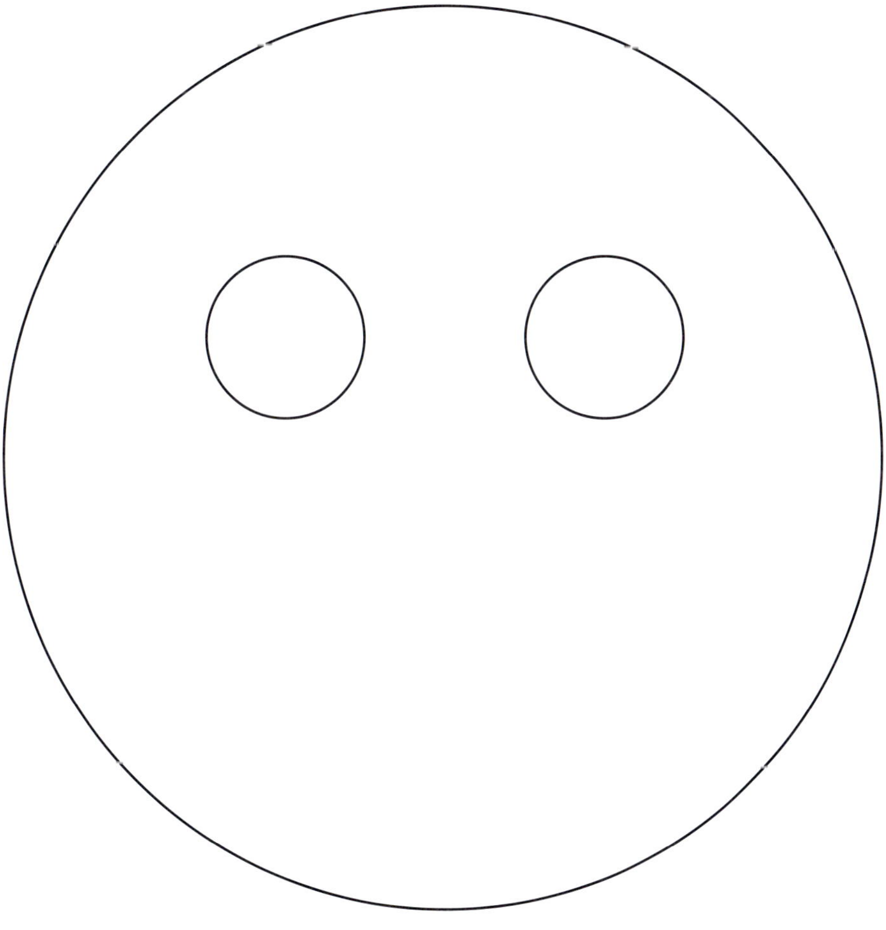

활동주제 : 동식물과 자연 – 자연과 더불어 사는 우리
그 림 책 : 곰 사냥을 떠나자

《곰 사냥을 떠나자》 | 마이클 로젠(글), 헬린 옥슨버리(그림) | 시공주니어

집안 식구들이 곰 사냥을 떠났다가
막상 곰을 보니 겁이 나서 황황히 집으로 돌아와
이불 속에 숨는 이야기입니다.
다양한 의성어와 후렴처럼 반복되는 문장이 재미있지요.
마음 졸이며 곰에게 쫓기기도 하고,
가족 간의 기분 좋은 사랑도 느낄 수 있는
이야기랍니다.

주제 통합 활동

《곰 사냥을 떠나자》 주제 통합 활동

의사소통

- 다양한 그림을 보고 의성어로 표현해 보기★

사회관계

- 풀밭, 강물, 진흙탕, 숲, 눈보라, 동굴을 만났을 때 나는 어떻게 할까?

신체운동 · 건강

- 의성어 소리 내며 신체표현 해보기

자연탐구

- 동굴과 동굴에 사는 동물에 대해 알아보기

예술경험

- 반복되는 말 넣어 노래 만들어 보기

활동명 : 곰이 되어 보아요

활동목표 :

- 의사소통 ➔ 말하기 ➔ 낱말과 문장으로 말하기
  상황에 맞는 의태어 · 의성어를 사용할 수 있다.
- 신체운동 · 건강 ➔ 신체조절과 기본운동하기 ➔ 신체조절하기
  신체를 조절해 상황에 맞는 동작을 해 볼 수 있다.

활동자료 :

- 《곰 사냥을 떠나자》 그림책
- 단어 카드, 그림책 장면 그림

활동방법 :

그림책 열기

1. 《곰 사냥을 떠나자》 표지의 그림을 보며 이야기를 나눈다.
   - 사람들의 발걸음이 어떤 것 같아요?
   - 사람들은 어디를 가고 있는 걸까요?
2. 그림책을 읽는다.

그림책 펼치기

3. 그림책을 회상해 본다.
   - 곰을 잡으러 가기 위해 어디 어디를 갔었나요?
   - 이 책을 읽어 보니 어떤 느낌이 들어요?
   - 곰 사냥을 떠날 때 날씨가 어떻게 바뀌었지요?
   - 곰 사냥을 떠날 때 어떤 곳들을 지나갔나요?

4. 각 장면을 보여준 후 어떤 의태어가 맞는지 찾아본다.

사각서걱	덤벙텀벙	처벅철벅
바스락 부시럭	휭휘잉	살금살금

5. 의태어에 맞게 동작으로 표현해 본다.

6. 장소와 날씨를 바꾸어 각자 상황에 맞게 이야기를 꾸며 본다.

그림책 나오기

7. 장소와 날짜를 바꾸어 꾸민 이야기를 친구들에게 동작과 함께 발표해 본다.

그림책 표상 활동

년 월 일

- 그림책의 이야기를 떠올려 보세요. 그림책의 표지를 보고 여러분만의 그림책 제목을 창의적으로 지어 보세요.

04

나와 가족

활동주제 : 나와 가족 – 나의 몸과 마음
그 림 책 : 몸의 구석구석이 말하기를

《몸의 구석구석이 말하기를》 | 고미 타로(글 · 그림) | 한림

우리 몸의 머리, 눈, 코, 입, 귀, 목, 손가락 등의
모양과 하는 일을 가르쳐 주는 그림책입니다.
저마다의 신체기관이 하고 싶어 하는 모습을 그린 그림책으로
익살스럽게 그린 남자아이와
각 신체 부분의 솔직한 말투가
재미있답니다.

주제 통합 활동

≪몸의 구석구석이 말하기를≫ 주제 통합 활동

의사소통

- 신체부위 그림카드를 보고 명칭 말해 보기
- 나의 눈, 코, 입 등은 무슨 말을 하고 싶을지 말해 보기

사회관계

- 친구와 신체부위 수수께끼 놀이하기

신체운동 · 건강

- 방울집게 몸에 달고 흔들어 보기

자연탐구

- 가족과 나의 닮은 곳 찾아보기
- 우리가족 손, 발의 길이 재어보기
- 각 신체부위에 대해 알아보기★

예술경험

- 종이 위에 나의 몸을 그리고 꾸며 보기
- 내 몸으로 소리내어 보기

활동명 : ○○은 어디 있나?

활동목표 :

- 자연탐구 → 과학적 탐구하기 → 생명체와 자연환경 알아보기
  각 신체기관의 특징에 대해 알 수 있다.
- 신체운동 · 건강 → 감각과 신체인식 → 신체를 인식하고 움직이기
  신체기관의 명칭을 알고 노래에 맞추어 율동해 볼 수 있다.

활동자료 :

- 《몸의 구석구석이 말하기를》 그림책
- 단어카드(신체부위 명칭카드), 주머니 또는 상자

활동방법 :

그림책 열기

1. '눈은 어디 있나~' 손유희를 한다.
2. 표지의 그림을 보며 신체의 명칭을 알아본다.
3. 그림책을 읽는다.

그림책 펼치기

4. 그림책을 회상해 본다.
   - 우리 몸에는 어떤 신체기관들이 있어요?
   - 각 신체부위의 역할은 무엇일까요?

- 각 신체기관은 우리의 몸 어디에 위치해 있을까요?

4. 유아들과 신체기관 맞추기 게임을 한다.
   - 상자 안에 신체기관 명칭을 적은 카드를 넣는다.
   - 한 명씩 나와서 단어카드를 뽑은 후 친구들에게 설명한다.
   - 앉아 있는 유아가 설명을 듣고 신체기관을 맞춘다.

※ 유아가 수수께끼 내는 것을 어려워 할 경우 스무고개 놀이형식으로 바꾸어 진행한다.

그림책 나오기

5. 신체기관 맞추기 게임에서 나왔던 우리 몸의 신체기관 명칭을 '머리, 어깨, 무릎, 발' 노래에 맞추어 율동과 함께 개사해서 불러 본다.

그림책 표상 활동

년 월 일

• 우리의 신체 중 한 부분으로 친구와 함께 수수께끼 놀이를 해보세요. 예를 들어 얼굴에 있는데 삼각형과 비슷한 모양으로 생겼고 냄새를 맡을 때 필요한 곳은 어딜까? 라고 수수께끼를 내면 친구가 자기가 생각한 신체부분을 아래에 그림으로 그려서 맞춰 보세요.

♠ 친구가 이야기한 신체부분을 그림으로 그려 보세요.

활동주제 : 나와 가족 – 소중한 나
그 림 책 : 네가 태어난 날엔 곰도 춤을 추었지

《네가 태어난 날엔 곰도 춤을 추었지》 | 낸시 틸먼(글 · 그림) | 내 인생의 책

내가 태어난 날에
무슨 일이 있었는지 기억나세요?
아마 기억하는 사람은 아무도 없을 거예요.
아무도 모르는 그 이야기를 이 책에서 알려 주고 있어요.
아이에게 감동을 안겨 주고 자존감을 높여줌으로써
스스로가 특별한 존재임을 깨닫게 해 주는
그림책이랍니다.

주제 통합 활동

≪네가 태어난 날엔 곰도 춤을 추었지≫ 주제 통합 활동

의사소통

- 태어난 날 있었던 일들 이야기 들어 보기
- 나의 성장앨범 만들기

사회관계

- 부모님과 그림책 읽고 이야기해 보기★
- 아기인형 돌보기

신체운동 · 건강

- 유모차 밀기 게임
- 내 키만큼 블록 쌓기

예술경험

- 내 모습 그려 보기
- 우리 가족 막대 인형 만들기

자연탐구

- 어렸을 때 사진 보며 현재와 다른 점 찾아보기

활동명 : 소중한 너

활동목표 :

- 사회관계 → 더불어 생활하기 → 가족을 소중히 여기기
  가족을 소중히 여기는 마음을 갖는다.
- 의사소통 → 읽기 → 읽기에 흥미 가지기
  엄마가 써 주신 편지를 읽어볼 수 있다.

활동자료 :

- 《네가 태어난 날엔 곰도 춤을 추었지》 그림책
- 편지지, 필기도구

활동방법 :

그림책 열기

1. 《네가 태어난 날엔 곰도 춤을 추었지》 표지를 보며 이야기 나눈다.
   - 달님이 어떤 표정을 짓고 있어요?
   - 곰들은 왜 춤을 추고 있을까요?
   - 표지의 그림을 보니 어떤 느낌이 들어요?
2. 엄마가 유아에게 그림책을 읽어 준다.

그림책 펼치기

3. 그림책을 회상해 본다.

- 네가 얼마나 특별한지 궁금할 때마다, 누가 널 얼마만큼 사랑하는지 궁금할 때마다 어떻게 하라고 했어요?
- 우리 친구들이 태어난 날엔 어떤 일들이 있었을까요?

4. 엄마가 아기가 태어난 날을 회상하며 유아에게 편지를 쓴다.
   - 아기가 처음 태어났을 때 느꼈던 감정과 유아에게 해 주고 싶은 이야기를 자유롭게 쓸 수 있도록 한다.

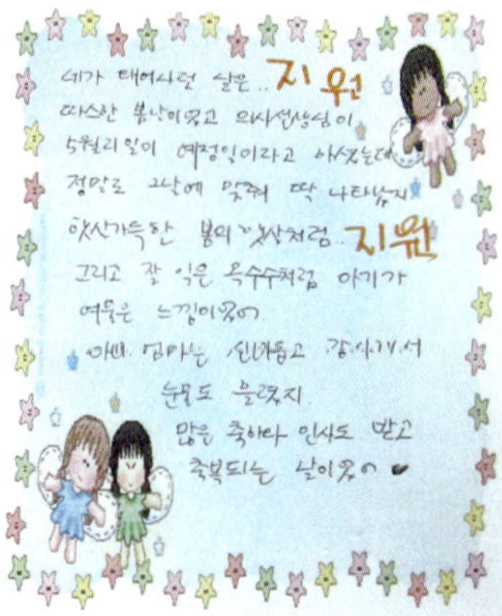

네가 태어나던 날은.. 지원
따스한 봄날이었고 의사선생님이
5월21일이 예정일이라고 하셨는데
정말로 그날에 맞춰 딱 나타났지
햇살가득한 봄의 햇살처럼.. 지원
그리고 잘 익은 옥수수처럼 아기가
여물은 느낌이었어.
아빠 엄마는 신기하고 감사해서
눈물도 흘렸지.
많은 축하 인사도 받고
축복되는 날이었어

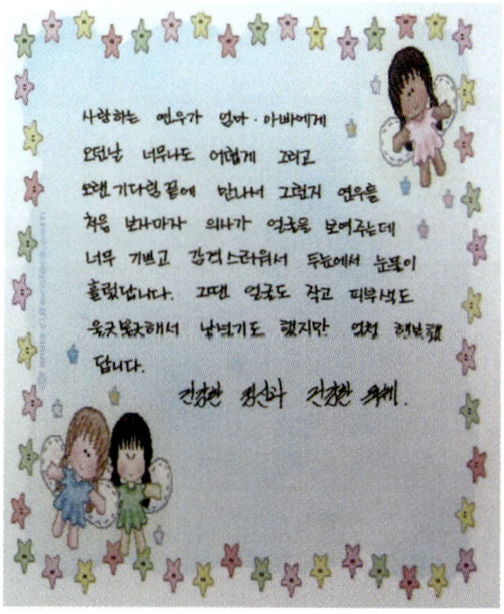

사랑하는 연우가 엄마·아빠에게
오던날 너무나도 어렵게 그리고
오랜 기다림 끝에 만나서 그런지 연우를
처음 보자마자 의사가 얼굴을 보여주는데
너무 기쁘고 감격스러워서 두눈에서 눈물이
흘렀답니다. 그땐 얼굴도 작고 피부색도
울긋불긋해서 낯설기도 했지만 엄청 행복했
답니다.
건강한 정신과 건강한 육체.

그림책 나오기

5. 유아가 엄마의 편지를 읽고 난 후의 느낌을 다양한 방법으로 표현해 볼 수 있도록 한다.

그림책 표상 활동

년 월 일

- 부모님께서 나에게 써 주신 편지를 받아 보았지요? 이번에는 여러분이 부모님께 감사의 편지를 써 보세요.

사랑하는 엄마 · 아빠께

활동주제 : 나와 가족 – 소중한 가족

그 림 책 : 코끼리 아빠다!

《코끼리 아빠다!》 | 마이클 그레니엣(글 · 그림) | 파랑새

장난감 가게에 있던
장난감 코끼리를 간절히 바라는 딸을 위해
코끼리로 변신하게 된 아빠의 이야기를 담고 있습니다.
코끼리로 변신할 정도로
딸을 사랑하는 아빠의 마음을 느낄 수 있답니다.
우리 아이들은 아빠가 어떤 모습으로 변신하길 바랄까요?

주제 통합 활동

≪코끼리 아빠다!≫ 주제 통합 활동

의사소통

- 코끼리를 보았던 경험 이야기 나누기
- 아빠와 하고 싶은 놀이 이야기해 보기

사회관계

- 사자아빠로 변신하는 방법 생각해 보기

신체운동 · 건강

- 코끼리 머리띠 하고 코끼리 흉내내기
- 코끼리코 만들어 물건 옮기기 게임하기

예술경험

- 요술 알약 만들어 보기
- 코끼리 가족 크레파스화 그려보기

자연탐구

- 동물원에 가서 동물 관찰하기
- 우리 가족은 어떤 동물을 닮았을까?★

활동명 : 우리 가족

활동목표 :

- 자연탐구 ➔ 탐구하는 태도 기르기 ➔ 탐구과정 즐기기
  동물의 특성을 탐구하는 과정을 즐길 수 있다.
- 사회관계 ➔ 가족을 소중히 여기기 ➔ 가족과 화목하게 지내기
  가족의 소중함을 알고 화목하게 지낼 수 있다.

활동자료 :

- 《코끼리 아빠다》 그림책
- 코끼리 손인형, 동물 도안, 색연필, 사인펜, 풀, 가위

활동방법 :

그림책 열기

1. 코끼리의 특징을 동작으로 표현하고, 유아들이 맞춰 볼 수 있도록 한다.
2. '코끼리 아빠다' 제목을 보고, 내용을 유추해 본다.
3. 그림책을 읽는다.

그림책 펼치기

4. 그림책을 회상해 본다.
   - 아빠가 어떻게 코끼리로 변했나요?
   - 내가 만약 '코끼리 아빠'라면 어떻게 했을까요?
5. 유아들이 코끼리가 되어 동작으로 표현해 본다.

6. 우리 가족을 어떤 동물로 표현해 볼 수 있을지 생각해 본다.
- 우리 가족은 모두 몇 명이에요?
- 누구누구와 함께 살고 있어요?
- '아빠' 하면 무엇이 떠오르나요?
- '엄마' 하면 어떤 느낌이 들어요?
- 각각의 가족에게 연상되는 동물은 무엇일까요?

7. 가족에게 연상되는 동물들을 오려 붙인다.

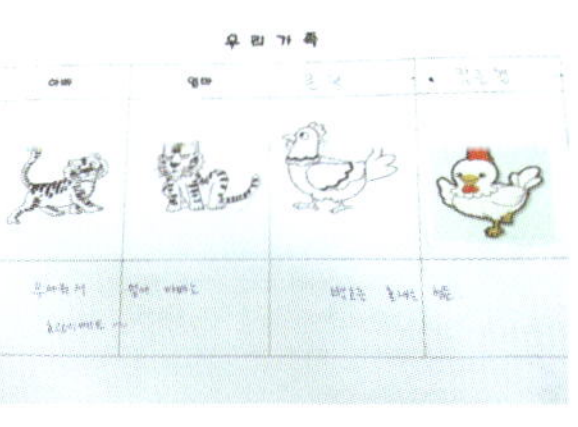

8. 왜 각각의 동물들을 떠올렸는지 그 이유를 표에 적는다.

그림책 나오기

9. 동물로 표현한 우리 가족을 왜 그렇게 표현했는지 친구들에게 이야기해 본다.

그림책 표상 활동

년 월 일

• 만약 아빠가 사자로 변한다면 어떤 일이 생길까요? 그리고 아빠가 다른 동물로 변하면 어떤 재미있는 일이 생길까요? 함께 이야기 나누어 보세요.

활동주제 : 나와 가족 – 가족의 생활과 문화

그 림 책 : 100층짜리 집

《100층짜리 집》 | 이와이 도시오(글 · 그림) | 북뱅크

100층짜리 집을 만날 수 있는 재미있는 숫자 그림책입니다.
별을 바라보기 좋아하는 '도치'라는 소년이
하늘까지 닿는 이상하고 재미있는
100층짜리 집 꼭대기에 초대받았답니다.
100층짜리 집에서는
어떤 일들이 일어나고 있을까요?

주제 통합 활동

≪100층짜리 집≫ 주제 통합 활동

의사소통

- 친구 초대편지 써보기

사회관계

- 윗집에 살면 좋을 동물은 누구일까?
- 나의 이웃 소개하기

신체운동 · 건강

- 100층집 구성해 보기
- 집짓기 게임

예술경험

- 101층집 그려 보기★

자연탐구

- 세계에서 유명한 높은 건물 알아보기

활동명 : 101층엔 누가 살까요?

활동목표 :

- 예술경험 ➔ 아름다움 표현하기 ➔ 미술활동으로 표현하기
  이야기의 마지막 장면을 상상해서 꾸며 볼 수 있다.
- 자연탐구 ➔ 탐구하는 태도 기르기 ➔ 탐구과정 즐기기
  여러 동물들의 특성에 관심을 갖는다.

활동자료 :

- 《100층짜리 집》 그림책
- 색지, 사인펜, 가위, 풀

활동방법 :

그림책 열기

1. 《100층짜리 집》 표지를 보며 이야기 나눈다.
   - 어디에서 누가 보낸 편지일까요?
   - 100층짜리 집엔 누가 살고 있을까요?
   - 100층짜리 집에선 어떤 일들이 펼쳐질까요?
2. 그림책을 읽는다.

그림책 펼치기

3. 그림책을 회상해 본다.
   - 100층짜리 집에 도치를 초대한 사람은 누구였어요?
   - 100층짜리 집의 각 층에는 누가 살고 있었어요?
   - 이 집에는 몇 층씩 각각 다른 동물이 살고 있나요?
   - 각 층의 동물들은 어떤 생활을 하고 있었어요?
   - 100층에서 도치를 기다리고 있던 사람은 누구였어요?
   - 거미왕자는 도치에게 무엇을 보러 가자고 했어요?
4. 친구들과 함께 101층을 상상해 본다.

- 101층에는 누가 살고 있을까요?
- 그곳에서는 어떤 생활을 하고 있을까요?
- 그곳은 어떻게 생겼을까요?

5. 도화지에 각자가 생각하는 101층의 특징을 그린 후, 오린다.

6. 집 모양에 각자 준비한 그림을 붙여 101층 집을 함께 꾸민다.

그림책 나오기

7. 완성된 101층 집을 함께 감상하며, 자신이 표현한 부분에 대해 친구들에게 이야기해 본다.

그림책 표상 활동

년 월 일

- 100층짜리 집에 사는 거미왕자가 도치에게 초대장을 보내 자기 집에 초대했어요.
  여러분도 멋진 초대장을 만들어 친구를 집에 초대해 보세요.

05

우리 동네

활동주제 : 우리 동네 – 우리 동네 모습
그 림 책 : 구름빵

《구름빵》 | 백희나(글 · 그림) | 한솔수북

비 오는 날 아침,
작은 구름 하나가 나뭇가지에 걸려 있습니다.
아이들은 하도 신기해서
조심조심 엄마한테 갖다 주지요.
엄마가 구름을 반죽하여 빵을 구워 주었습니다.
아이들은 맛있게 먹고 구름처럼 두둥실 떠오릅니다.
구름처럼 떠오른 아이들은 어디로 가고 있을까요?

주제 통합 활동

《구름빵》 주제 통합 활동

의사소통
- 만약 내가 구름빵을 먹는다면…
- 기억에 남는 장면 이야기하기

사회관계
- 홍시가족 가면 쓰고 동극 해보기
- 구름빵 먹고 날아가 보고 싶은 곳★

신체운동 · 건강
- 홍시 · 홍비가 되어 신체표현 해보기

자연탐구
- 나만의 빵 만들어 보기
- 구름에 대해 알아보기

예술경험
- 홍시가족 가면 꾸며 보기
- 다양한 재료로 비 오는 날 표현해 보기

활동명 : 하늘에서 본 우리 동네

활동목표 :

- 사회관계 → 더불어 생활하기 → 다른 사람과 더불어 생활하기
  우리 동네 이웃을 만나면 반갑게 인사할 수 있다.
- 예술경험 → 아름다움 표현하기 → 미술활동으로 표현하기
  이야기 속의 주인공의 되어 나만의 가면을 만들어 볼 수 있다.

활동자료 :

- 《구름빵》 그림책
- '구름빵' 노래 동영상, 가면 만들 재료(흰 도화지 또는 색도화지, 고무줄, 펀치, 가위, 스카치테이프, 사인펜)

활동방법 :

그림책 열기

1. 《구름빵》 표지를 보고, 내용을 유추해 본다.
2. 그림책을 읽는다.

그림책 펼치기

3. 그림책을 회상해 본다.
   - 주인공은 구름빵을 먹고 동네 어느 곳들을 날아다녔나요?
   - 우리 친구들이 구름빵을 먹고 주인공처럼 하늘을 날 수 있게 된다면, 무엇을 해보고 싶어요?
4. 우리 동네에 대해 이야기를 나누어 본다.
   - 우리 동네에는 어떤 기관들이 있어요?
   - 우리 친구들이 동네에서 자주 가는 곳은 어디예요?
   - 우리 이웃에는 누가 살고 있어요?

- 이웃을 만나면 어떻게 인사하나요?
- 우리 동네에서 어린이집은 어디쯤에 위치해 있어요?

5. 시청각 매체를 통해 구름빵 노래를 들어보고, 다 함께 불러 본다.

6. 가면 만들 재료를 나누어 주고, 유아가 좋아하는 등장인물의 가면을 만들어 보도록 한다.

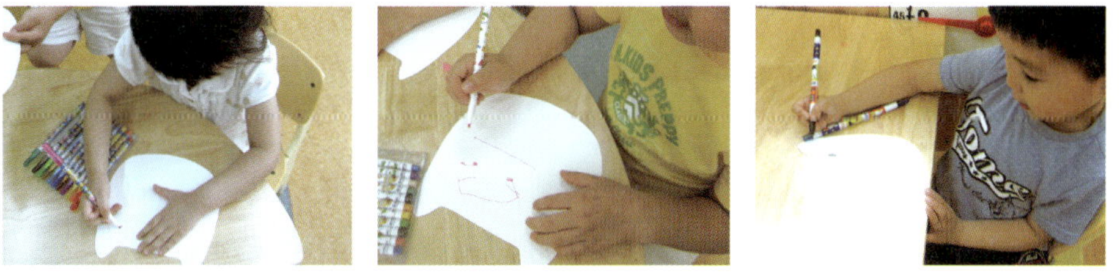

그림책 나오기

7. 유아가 만든 가면을 쓰고 우리 동네 기관 중에서 날아가 보고 싶은 곳과 만나 보고 싶은 이웃을 이야기해 본다.

그림책 표상 활동

년 월 일

- 구름빵에 나오는 등장인물들은 누가 있었나요? 등장인물을 그려보고 막대인형을 만들어 인형극 놀이를 해보세요.

홍비	홍시
아빠	엄마

활동주제 : 우리 동네 – 우리 동네 사람들
그 림 책 : 악어도 깜짝, 치과 의사도 깜짝!

《악어도 깜짝, 치과 의사도 깜짝!》 | 고미 타로(글 · 그림) | 비룡소

어느 날 이가 아팠던 악어는
치과의사 선생님을 찾아 갔답니다.
그러자 둘은 서로를 보고 무서워서 벌벌 떨었지요.
의사선생님은
악어를 잘 치료해 주셨을까요?

주제 통합 활동

≪악어도 깜짝 치과 의사도 깜짝≫ 주제 통합 활동

의사소통

- 치과에 가 본 경험 이야기해 보기
- 깜짝 놀랐던 일, 글과 그림으로 표현해 보기

사회관계

- 병원놀이 해보기
- 우리 동네에 있는 병원 알아보기

신체운동 · 건강

- 몸에 좋은 음식 나쁜 음식 게임
- 바르게 이 닦기★

예술경험

- 빈 상자로 악어 만들어 보기
- 우리 동네 꾸며 보기

자연탐구

- 왜 충치가 생기는지 알아보기

활동명 : 우리 동네 병원

활동목표 :

- 신체운동 · 건강 ➔ 건강하게 생활하기 ➔ 몸과 주변을 깨끗이 하기
  올바른 이 닦기 방법으로 양치질 할 수 있다.
- 예술경험 ➔ 아름다움 표현하기 ➔ 음악으로 표현하기
  올바른 칫솔질 노래를 듣고 불러 볼 수 있다.

활동자료 :

- 《악어도 깜짝, 치과 의사도 깜짝!》 그림책
- 올바른 이 닦기 동영상(어린이 TBI 노래)

활동방법 :

그림책 열기

1. 《악어도 깜짝, 치과 의사도 깜짝!》 표지를 보고, 내용을 유추해 본다.

2. 그림책을 읽는다.

그림책 펼치기

3. 그림책을 회상해 본다.
   - 악어와 치과 의사의 감정에 대해 이야기해 본다.
   - 악어와 치과 의사는 왜 서로 깜짝 놀랐을까요?
   - 만약 치과 의사가 악어를 치료해 주지 않는다고 했다면 악어는 어떻게 했을까요?

4. 치과에 가 본 경험에 대해 이야기해 본다.

- 치과에 가 본 경험이 있나요?
- 치과에 가서 무엇을 했나요?
- 치과에서 무엇을 보았어요?
- 치과에 갔을 때 기분이 어땠어요?

5. 영상매체를 이용해 올바른 이 닦기 방법을 알아보고, 노래를 따라 불러본다.

그림책 나오기

6. 간식을 먹은 후 또는 점심식사 후에 유아들과 함께 올바른 방법으로 이 닦기 활동을 직접 해 본다.

그림책 표상 활동

년 월 일

• 이를 깨끗이 닦는 것은 중요한 일이지요. 친구가 이를 깨끗이 닦을 수 있도록 이 닦는 방법을 알려 주세요.

♣ 올바른 이 닦기 방법

1. 2. 3. 4. 5. 6.

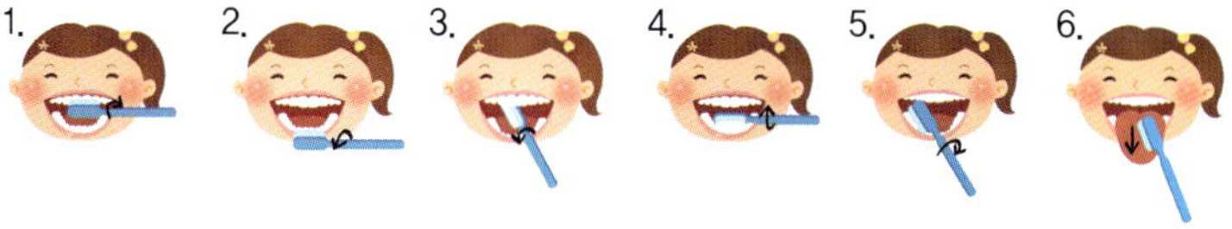

활동주제 : 우리 동네 – 우리 동네 전통과 문화
그 림 책 : 우리 동네 한 바퀴

《우리 동네 한 바퀴》 | 정지윤(글 · 그림) | 웅진주니어

그림책에서는 준구가 살고 있는 동네의
모습을 그리고 있는데요.
그 안에서 얽히고설켜 살고 있는 다양한 사람들의 모습을
아이들에게 보여 주고 있답니다.
준구가 접은 종이비행기를 찾아
거꾸로 그림책을 넘기면서
종이가 어디에서 왔는지 찾아보세요.

주제 통합 활동

≪우리 동네 한 바퀴≫
주세 통합 활동

의사소통
- 도서관에서의 약속 이야기해 보기★

사회관계
- 우리 동네 도서관에 가 보기
- 내가 사는 동네와 친구가 사는 동네 이름 알아보기

신체운동 · 건강
- 블록으로 우리 동네 구성해 보기

예술경험
- 우유곽을 이용해 우리 동네 꾸며 보기

자연탐구
- 우리 동네 산책하기와 지도 그려 보기

활동명 : 우리 동네 도서관

활동목표 :

- 의사소통 ➔ 읽기 ➔ 책읽기에 관심 가지기
  책에 관심을 가지고, 아끼고 사랑하는 마음을 갖는다.
- 사회관계 ➔ 사회적 지식 ➔ 지역사회에 관심 갖고 이해하기
  공공기관에서 지켜야 할 규칙에 대해 알 수 있다.

활동자료 :

- 《우리 동네 한 바퀴》 그림책
- 색지, 사인펜

활동방법 :

그림책 열기

1. 《우리 동네 한 바퀴》 표지를 보며 이야기 나눈다.
   - 이곳은 어디일까요?
   - 동네 사람들이 무엇을 하고 있어요?
   - 우리 동네와 그림책에 나온 동네는 무엇이 다를까요?
2. 그림책을 읽는다.

그림책 펼치기

3. 그림책을 회상해 본다.
   - 동네에는 어떤 가게들이 있었나요?
   - 각각의 가게(과일, 반찬, 약국, 세탁소, 문구, 철물점 등)는 어떤 곳일까요?
   - 놀이터에서 친구들은 어떤 놀이를 했나요?
   - 동네 사람들의 모습은 어떤 것 같아요?
   - 날아다니던 종이를 발견한 현서는 종이로 무엇을 했나요?
   - 준구가 본 종이비행기는 어디서 온 것일까요?

4. 유아들과 우리 동네 모습에 대해 이야기를 나눈 후, 가 보고 싶은 곳을 한 군데 정한다.
   - 우리 동네에는 어떤 가게들이 있나요?
   - 그 밖에 어떤 기관들이 있지요?
   - 우리 동네에서 친구들이 자주 가는 곳은 어디예요?
   - 친구들은 우리 동네 여러 곳 중에서 어디에 가보고 싶어요?
5. 유아들과 가고 싶은 장소(도서관)를 정한 후, 방문 시 지켜야 할 규칙을 정한다.
   - 도서관에서 지켜야 할 규칙을 정한다.
   - 조용히 하기, 장난치지 않기, 책을 찢지 않기 등

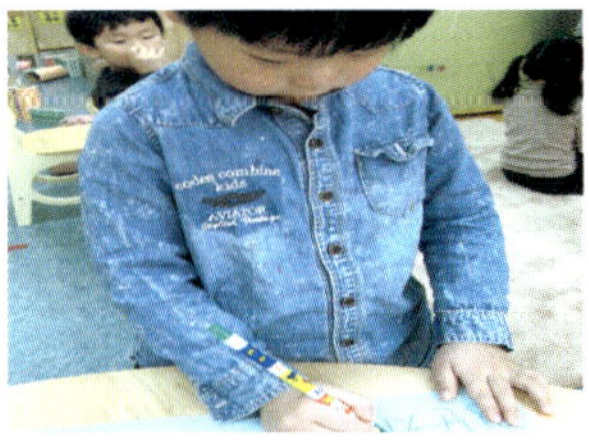

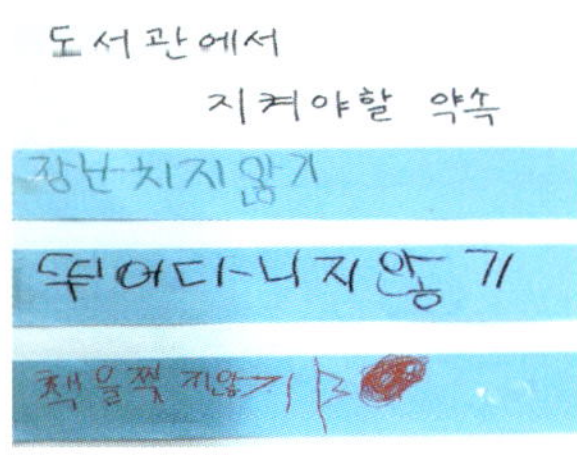

6. 유아들이 도서관 견학을 통해 다양한 경험(책 찾기, 책 읽기, 책 빌리기)을 해 볼 수 있도록 한다.

그림책 나오기

7. 도서관에서 읽고 온 책의 제목과 내용을 친구들에게 소개한다.
8. 도서관에서 지켜야 할 규칙을 잘 지켰는지 이야기해 본다.

그림책 표상 활동

년 월 일

- 어린이집이나 유치원 주변을 둘러본 후 어린이집 지도를 그려 보세요.

♠우리 유치원 또는 어린이집을 찾아갈 수 있도록 길을 그리고 주변에 있는 마트나 병원 등을 그림으로 그려 주세요.

06

건강과 안전

활동주제 : 건강과 안전 – 즐거운 운동과 휴식

그 림 책 : 개구쟁이 해리 목욕은 정말 싫어요

《개구쟁이 해리 목욕은 정말 싫어요》 | G. 자이언(글), M. 그래엄(그림) | 언어세상

목욕이 하기 싫은 해리가
목욕 솔을 혼자만 아는 곳에 감추고
하얀 털이 새까맣게 될 때까지 신나게 놀지요.
그러다 까맣게 된 해리를
아무도 알아보지 못하게 됩니다.
과연 해리는 어떻게 했을까요?

주제 통합 활동

≪개구쟁이 해리 목욕은 정말 싫어요≫ 주제 통합 활동

의사소통

- 해리가 좋아하는 것과 싫어하는 것에 대해 이야기해 보기

사회관계

- 목욕할 때 기분 이야기해 보기

예술경험

- 해리의 몸 꾸며 보기

자연탐구

- 동물병원 방문해 보기
- 개의 종류와 생김새 알아보기

신체운동 · 건강

- 해리 가면 쓰고 술래잡기 해보기
- 더러워진 놀잇감 찾아 깨끗이 닦아 보기★

활동명 : 깨끗한 게 좋아요

활동목표 :

- 신체운동 · 건강 ➔ 건강하게 생활하기 ➔ 몸과 주변을 깨끗이 하기
  주변의 환경과 몸을 깨끗이 할 수 있다.
- 의사소통 ➔ 말하기 ➔ 느낌, 생각, 경험 말하기
  깨끗한 환경의 중요성에 대해 말할 수 있다.

활동자료 :

- 《개구쟁이 해리 목욕은 정말 싫어요》 그림책
- 유아용 고무장갑, 작은 욕조, 비누, 수건

활동방법 :

그림책 열기

1. 《개구쟁이 해리 목욕은 정말 싫어요》 표지를 보고, 내용을 유추해 본다.

2. 그림책을 읽는다.

그림책 펼치기

3. 그림책을 회상해 본다.
   - 개구쟁이 해리는 왜 목욕을 싫어할까요?
   - 목욕하기 싫어하는 해리에게 어떤 일이 있었나요?
   - 개구쟁이 해리는 자신을 못 알아보는 가족들에게 어떻게 했나요?
4. 목욕과 관련된 각자의 경험에 대해 이야기를 나눈다.
   - 목욕하기 싫을 때가 있나요?
   - 목욕을 하고 싶을 때는 언제예요?
   - 목욕을 하기 전과 하고 난 후의 느낌은 어떻게 달라요?
   - 목욕을 왜 해야 할까요?
5. 교실에 있는 물건 중 더러워진 것을 찾아 씻어 본다.
   - 교실에서 사용하는 더러워진 장난감을 왜 깨끗하게 씻어야 하는지 이야기를 나

눈다.

- 유아 각자가 교실에서 더러워진 물건을 하나씩 찾아본다.
- 장난감을 씻기 전 지켜야 할 규칙에 대해 이야기한다.
  - 고무장갑을 낀다.
  - 욕조에 넣고 장난감을 깨끗이 씻는다.
  - 비눗물을 헹군다.
  - 수건에 물기를 닦고 말린다.

그림책 나오기

6. 더러워진 물건을 깨끗이 씻어 본 느낌에 대해 이야기해 본다.

그림책 표상 활동

년 월 일

• 해리의 몸을 색종이, 신문지, 셀로판지 등을 붙여서 꾸며 보세요.

활동주제 : 건강과 안전 – 맛있는 음식과 영양
그 림 책 : 난 토마토 절대 안 먹어

《난 토마토 절대 안 먹어》 | 로렌 차일드(글 · 그림) | 국민서관

찰리는 오빠, 롤라라는 여동생이 있지요.
가끔은 롤라에게 밥을 차려 줘야 하죠.
이건 꽤나 힘든 일이에요.
왜냐하면 롤라는 싫어하는 음식이 아주 많거든요.
이를테면 감자, 당근, 생선, 콩… 그 중에서 토마토를 절대로 안 먹는대요.
그런 롤라를 위해 찰리는 색다른 식사법을 고안하게 되요.
그런데 이게 어떻게 된 일이지요?
롤라가 자진해서 싫어하는 음식을 아주 맛있게 먹는 거예요.
도대체 찰리는 롤라에게 뭐라고 했을까요?

주제 통합 활동

≪난 토마토 절대 안 먹어≫ 주제 통합 활동

의사소통

- 내가 좋아하는 음식과 싫어하는 음식 이야기해 보기
- 음식 이름 지어 보기

사회관계

- 엄마와 샐러드 요리해 보기
- 좋아하는 음식 친구와 나누어 먹기

신체운동 · 건강

- 채소 따먹기 게임
- 토마토 노래 부르며 율동해 보기

자연탐구

- 같은 색 채소 분류해 보기
- 채소 · 과일 맛보기★

예술경험

- 음식 관련 노래 불러 보기
- 우리 집 밥상 그려 보기

활동명 : 맛있게 냠냠냠

활동목표 :

- 자연탐구 ➔ 탐구하는 태도 기르기 ➔ 호기심을 유지하고 확장하기
  여러 가지 채소의 특징적인 맛이나 모양을 탐색할 수 있다.
- 예술경험 ➔ 아름다움 표현하기 ➔ 미술활동으로 표현하기
  아이클레이로 다양한 음식을 만들어 볼 수 있다.

활동자료 :

- 《난 토마토 절대 안 먹어》 그림책
- 아이클레이, 종이접시, 음식 모형 또는 사진, 색지, 매직

활동방법 :

그림책 열기

1. 《난 토마토 절대 안 먹어》 표지를 보고, 내용을 유추해 본다.
   - 롤라와 찰리는 토마토를 보며 무슨 생각을 하고 있는 걸까요?
   - '난 토마토 절대 안 먹어'는 누가 한 말일까요?
   - 왜 그렇게 이야기했을까요?
2. 그림책을 읽는다.

그림책 펼치기

3. 그림책을 회상해 본다.
   - 새롭게 지어진 음식 이름은 무엇이었나요?
     (당근 – 오렌지뽕가지뽕 / 콩 – 초록방울 / 으깬 감자 – 구름보푸라기 /
     생선튀김 – 바다얌냠이 / 토마토 – 달치익쏴아)
   - 찰리와 롤라는 그 음식을 보고 왜 이러한 이름이 떠올랐을까요?
4. 새로운 음식 이름을 지어본다.
   - 내가 좋아하는 음식과 싫어하는 음식에 대해 알아보고, 이유를 이야기해 본다.
   - 사진자료를 제시하여 다양한 음식의 특성에 대해 이야기 나누고, 새로운 이름

을 지어본다.

예 '검은콩' 그림을 제시하여 맛, 소리, 색, 모양 등을 탐색하고 새로운 이름을 짓는다. '검은콩'에게는 어떤 이름이 어울릴까요?

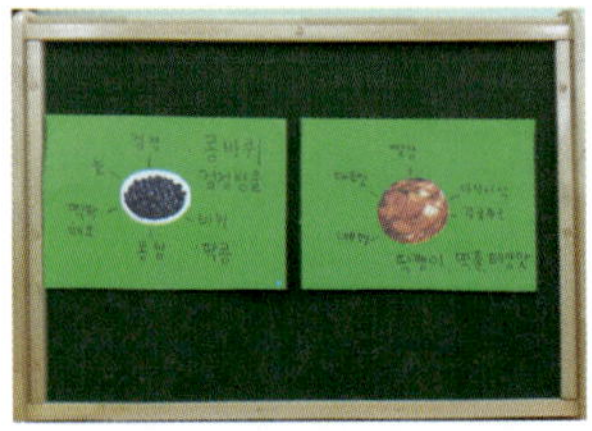

5. 아이클레이로 각자 좋아하는 음식 또는 싫어하는 음식을 만든다.

- 아이클레이로 음식을 만든 후 접시에 담는다.
- 만든 음식에 어울리는 이름을 창의적으로 지어 본다.

그림책 나오기

6. 각자가 만든 음식과 창의적으로 지어본 음식의 이름을 친구들에게 소개한다.

그림책 표상 활동

년 월 일

• 여러분이 좋아하는 음식을 그려 보고, 이름도 지어 보세요.

07

여름

활동주제 : 여름 – 여름의 날씨와 물놀이
그 림 책 : 검피 아저씨의 뱃놀이

《검피 아저씨의 뱃놀이》 | 존 버닝햄(글 · 그림) | 시공주니어

강가에 사는 검피 아저씨네 집에는 배가 있답니다.
검피 아저씨는 어느 날,
배를 끌고 강가에 나왔습니다.
동네 꼬마들, 토끼, 고양이, 개가 차례로 배에 올라타지요.
결국 모두들 하지 않기로 한 행동들을 해서 배가 뒤집히고 말았죠.
그러나 몸을 말리고 케이크와 차 대접까지 받고 집으로 돌아갑니다.
검피 아저씨의 친절한 행동으로 마음이 따뜻해지는 그림책이랍니다.

주제 통합 활동

≪검피 아저씨의 뱃놀이≫ 주제 통합 활동

의사소통

- 검피 아저씨의 뱃놀이에 함께한 동물에 대해 이야기해 보기

사회관계

- 뱃놀이 동극 해보기★
- 내가 만약 검피 아저씨라면…

신체운동 · 건강

- 블록으로 배 만들어 노 저어 보기
- 배 안에서의 동물 모습 흉내 내 보기

예술경험

- 극 놀이 표현★
- 다양한 크기, 재질의 종이로 배 접어 보기

자연탐구

- 배의 종류와 생김새 알아보기
- 내가 만든 종이배 물 위에 띄워 보기

활동명 : 신나는 뱃놀이

활동목표 :

- 예술경험 ➔ 아름다움 표현하기 ➔ 극 놀이로 표현하기
  이야기를 듣고 배역에 따른 역할을 해 볼 수 있다.
- 사회관계 ➔ 더불어 생활하기 ➔ 친구와 사이좋게 지내기
  친구들과 역할을 나누어 동극을 해 볼 수 있다.

활동자료 :

- 《검피 아저씨의 뱃놀이》 그림책
- 동극에 필요한 소품(검피 아저씨 모자, 긴 막대, 매트)

활동방법 :

그림책 열기

1. 《검피 아저씨의 뱃놀이》 표지를 보고, 내용을 유추해 본다.
   - 검피 아저씨와 동물들은 배를 타고 어디로 가는 걸까요?
   - 배를 타고 가는 동안 어떤 일들이 생길까요?
   - 뱃놀이 하는 모습을 보니 어떤 계절인 것 같아요?
   - 여름에 할 수 있는 놀이에는 또 어떤 것들이 있을까요?
2. 그림책을 읽는다.

그림책 펼치기

3. 그림책을 회상해 본다.
   - 등장인물은 누구누구였어요?
   - 각각의 등장인물들이 주의할 점은 무엇이었나요?
4. 이야기를 듣고 친구들과 배역을 정해 동극을 해본다.
   - 이야기를 회상해 보고, 각 등장인물의 대사를 기억해 본다.
   - 원하는 역할을 정한다.
   - 각 역할에 맞는 대사와 동작을 연습해 본다.
   - 맡은 역할에 따라 동극을 한다.
   - 역할을 바꾸어 한다.
   - 평가를 한다.

그림책 나오기

5. 동극을 해 본 후 전체적인 활동에 대해 평가해 본다.

그림책 표상 활동

년 월 일

• 다양한 종이로 검피 아저씨의 배를 만들어 붙여 보세요.

활동주제 : 여름 – 여름 풍경

그 림 책 : 비 오는 날 또 만나자

《비 오는 날 또 만나자》 | 사토우치 아이(글), 히로노 다카코(그림) | 한림

비가 오는 날입니다.
사람들은 비를 피해 어디론가 들어가지만
비가 오면 모습을 드러내는 여러 생물들이 있지요.
달팽이, 두꺼비, 애벌레, 그리고
몸의 색깔을 마음대로 바꿀 수 있는 청개구리도
비가 오면 더욱 즐거워한답니다.
비가 오는 날 우비를 입고 밖으로 나가 주변을 둘러보면
전에 볼 수 없었던 생물들을 볼 수 있을 거예요.

주제 통합 활동

≪비 오는 날 또 만나자≫ 주제 통합 활동

의사소통

- 그림책에서 나온 동식물 이름 말해 보기
- 날씨와 관련 옷차림 연결해 보기

사회관계

- 친구와 날씨에 따라 달라지는 기분에 대해 이야기 나누기

신체운동 · 건강

- 비오는 날의 동물 (개구리, 애벌레, 올챙이 등)이 되어 신체표현 해보기★

자연탐구

- 비오는 날 볼 수 있는 동물 알아보기
- 비오는 날 산책하기

예술경험

- 천에 색깔 분무기로 뿌려 자유롭게 꾸며 보기
- 투명 비닐우산에 다양한 재료로 꾸며 보기

활동명 : 여름에 볼 수 있어요

활동목표 :

- 신체운동 · 건강 ➔ 신체활동에 참여하기 ➔ 자발적으로 신체활동에 참여하기
  여름에 볼 수 있는 곤충의 움직임을 몸으로 표현해 볼 수 있다.
- 자연탐구 ➔ 과학적 탐구하기 ➔ 생명체와 자연환경 알아보기
  여름에 볼 수 있는 곤충을 찾아보고, 특징을 탐색해 본다.

활동자료 :

- 《비 오는 날 또 만나자》 그림책
- 사진자료(호랑나비, 배추흰나비애벌레, 잠개구리, 청개구리, 산청개구리)

활동방법 :

그림책 열기

1. 《비 오는 날 또 만나자》 표지를 보고, 이야기를 나눈다.
   - 주인공이 왜 우비를 입고 있을까요?
   - 우비를 입은 친구는 나뭇잎 사이에서 무엇을 찾고 있을까요?
   - 그림을 보니 어떤 계절인 것 같아요?
   - '비 오는 날 또 만나자'는 누구에게 하는 말일까요?
2. 그림책을 읽는다.

그림책 펼치기

3. 그림책을 회상해 본다.

- 비오는 날 주인공은 어디에 갔어요?
- 그곳에서 누구누구를 만났어요?
- 각 곤충의 특징은 무엇일까요?
- 그 밖의 여름에 볼 수 있는 풍경에는 무엇이 있을까요?

4. 그림책에 나온 애벌레, 나비, 개구리의 모습을 사진으로 자세히 살펴보고, 특징을 알아본다.
   (호랑나비 애벌레, 배추흰나비 애벌레, 배추흰나비, 참개구리, 청개구리, 산청개구리)

5. 각 곤충의 움직임을 몸으로 표현해 본다.
   - 애벌레처럼 (꿈틀꿈틀) 기어 보자.
   - 나비처럼 (훨훨) 날아 보자.
   - 개구리처럼 (폴짝폴짝) 뛰어 보자.

그림책 나오기

6. 음악에 맞추어 각 곤충의 움직임을 표현해 본다.

그림책 표상 활동

년 월 일

• 비 오는 날 밖에 나가 본 적이 있나요? 우산 접기 순서에 따라 우산을 접어 붙이고 비 오는 날의 풍경을 꾸며 보세요.

〈우산접기 순서도〉

1. 중심선에 맞춰 접으세요.
2. 접기선에 맞춰 접고 뒤집으세요.
3. 3장을 접어 가장자리를 붙여서 완성.

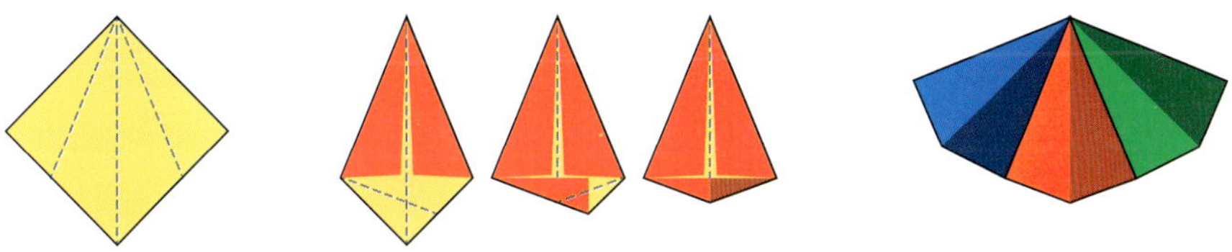

♠ 접은 우산을 붙이고 비오는 날의 풍경을 그려 보세요.

08

교통기관

활동주제 : 교통기관 – 여러 가지 육상 교통기관

그 림 책 : 난 자동차가 참 좋아

《난 자동차가 참 좋아》 | 마가릿 와이즈 브라운(글), 김진화(그림) | 비룡소

아이와 강아지 두 마리는

짐을 싣고 여행을 떠납니다.

아이는 '난 참 좋아'라는 말을 반복해서 하면서

다양한 곳을 다니며

색과 모양, 쓰임새에 따라 다양한 자동차들을 소개합니다.

복잡한 도로와 길을 따라 달리고 있는 자동차들과

그 속에 탄 사람들의 표정도 유심히 살펴보세요.

주제 통합 활동

≪난 자동차가 참 좋아≫ 주제 통합 활동

의사소통

- "난 **이 좋아"에 ** 단어를 넣어 동시 지어 보기
- 내가 타본 교통기관 이야기해 보기

사회관계

- 세발자전거 뒤에 친구 또는 동생 태워 주기

신체운동 · 건강

- 블록으로 여러 모양의 자동차 구성해 보기

자연탐구

- 땅, 바다, 하늘로 다니는 교통기관 알아보기
- 카센터 견학 가기

예술경험

- 모양 색종이로 다양한 교통기관 꾸며 보기★
- 폐품 이용하여 나만의 교통기관 만들어 보기

활동명 : 무엇을 타고 갈까요?

활동목표 :

- 예술경험 ➔ 아름다움 표현하기 ➔ 미술활동으로 표현하기
  여러 가지 도형을 이용해 자동차를 만들어 본다.
- 자연탐구 ➔ 과학적 탐구하기 ➔ 간단한 도구와 기계 활용하기
  다양한 육상교통의 특징을 탐색해 본다.

활동자료 :

- 《난 자동차가 참 좋아》 그림책
- 도화지, 색연필, 사인펜, 여러 모양(○, △, ㅁ)과 크기로 자른 색종이, 풀, 가위

활동방법 :

그림책 열기

1. 《난 자동차가 참 좋아》 표지를 보며, 이야기를 나눈다.
   - 어떤 그림이 그려져 있어요?
   - 우리 친구들도 자동차를 타 본 경험이 있어요?
   - 어디에 갈 때 타 보았어요?
   - 어떤 색, 어떤 모양의 자동차를 타 보았나요?
   - 자동차를 타 본 느낌이 어땠어요?
2. 그림책을 읽는다.

그림책 펼치기

3. 그림책을 회상해 본다.
   - 어떤 자동차, 기차, 배들이 있었어요?
   - 각각의 탈것들의 특징은 무엇이었나요?
   - 친구들은 자동차, 기차, 배 중에서 무엇을 제일 타 보고 싶어요?
4. 우리 주변에서 봤거나 타 보았던 교통수단 중에서 인상적이었던 것을 이야기해 본다.

- 각각의 자동차, 기차, 배는 어떻게 생겼어요?
- '이런 기능이 있었으면' 하는 자동차가 있어요?

5. 자신이 생각하는 창의적인 탈것을 꾸며 본다.

- 여러 모양(○, △, □)과 크기로 자른 색종이를 준비한다.
- 색종이와 사인펜을 이용해 창의적인 교통수단을 꾸며 본다.

그림책 나오기

6. 자신이 만든 탈것의 특징에 대해 친구들에게 소개한다.

그림책 표상 활동

년 월 일

- 어떤 종류의 교통기관을 좋아하나요?
  여러분만의 자동차를 그려 보세요.
  그리고 그 자동차만의 특징을 살려 이름을 지어 보세요.

♠ 나만의 자동차 이름은 ______________________ 입니다.

♠ 그 이유는 ______________________________________

____

____ 때문입니다.

활동주제 : 교통기관 – 고마운 육상 교통기관
그 림 책 : 그림책 버스 뚜뚜

《그림책 버스 뚜뚜》 | 조준영(글), 윤정주(그림) | 사계절

버스 뚜뚜는 아이들을 태우고 여기 저기 많은 곳을 다녔어요.
어디든 갈 수 있게 해주는 뚜뚜를 아이들은 좋아했지요.
뚜뚜도 그랬답니다.
그런데 하루는 도서관에 다녀오던 길에 뚜뚜가 멈춰 버리고 말았어요.
자동차 병원에서는 뚜뚜를 폐차를 시켜야 한다고 했지만
아이들은 그럴 수가 없었답니다.
아이들은 좋아하는 뚜뚜에게 어떻게 해 주었을까요?

주제 통합 활동

≪그림책 버스 뚜뚜≫ 주제 통합 활동

의사소통

- 그림책 버스 뚜뚜에게 편지 쓰기
- 나만의 교통기관 그림 단어책 만들기

사회관계

- 친구와 함께 교통기관과 마을 만들기★

신체운동 · 건강

- 점토나 클레이를 이용하여 교통기관 만들어 보기

자연탐구

- 교통기관과 관련된 장소 찾아보기

예술경험

- 다양한 교통기관 꾸며 보기
- 교통기관 관련 미술작품 감상하기

활동명 : 신기한 버스

활동목표 :

- 사회관계 ➔ 더불어 생활하기 ➔ 친구와 사이좋게 지내기
  친구들과 함께 교통수단 공동작품을 만들어 볼 수 있다.
- 예술경험 ➔ 아름다움 표현하기 ➔ 미술활동으로 표현하기
  다양한 재료를 이용해 육상 교통기관을 표현해 볼 수 있다.

활동자료 :

- 《그림책 버스 뚜뚜》 그림책
- 아이클레이, 이트콘, 색연필, 사인펜, 크레파스, 전지, 물 또는 물티슈

활동방법 :

그림책 열기

1. 《그림책 버스 뚜뚜》 표지를 보고, 내용을 유추해 본다.
   - 빨간 자동차에 타고 있는 사람들은 누구일까요?
   - 사람들의 표정을 보니 어떤 느낌이 들어요?
   - 이 자동차에는 어떤 재미있는 특징들이 있을까요?
2. 그림책을 읽는다.

그림책 펼치기

3. 그림책을 회상해 본다.
   - 뚜뚜는 아이들과 어디어디에 갔나요?
   - 뚜뚜는 어떤 길들을 달렸나요?
   - 고장이 난 '뚜뚜'를 끌고 간 차는 어떤 차예요?
   - 아이들은 쓸모가 없어진 버스 '뚜뚜'를 무엇으로 만들었나요?
4. 유아들과 타 보았거나 타 보고 싶은 육상 교통수단에 대해 이야기해 본다.
5. 친구들과 함께 전지에 공동작품으로 교통수단을 표현해 본다.
   - 친구들과 무엇을 어떻게 표현할 것인지 상의한다.

• 아이클레이와 아트콘을 이용해 함께 만들고 싶은 탈 것을 만들어 본다.

6. 크레파스로 찻길, 파도, 기찻길 등을 그리고 유아가 만든 탈 것을 전시해 공동작품을 완성해 본다.

그림책 나오기

7. 완성한 작품에 교통표지판을 만들어 알맞은 곳에 배치해 본다.

그림책 표상 활동

년 월 일

- 여러 가지 색의 크레파스가 있네요.
  크레파스로 무슨 교통기관을 그리면 좋을지 생각해서 그려 보세요.

활동주제 : 교통기관 – 항공, 해상 교통기관
그 림 책 : 구름 공항

《구름 공항》 | 데이비드 위즈너(글 · 그림) | 베틀북

더 높이 하늘과 닿고 싶었던 사람들의 소망이 담긴 마천루,
엠파이어 스테이트 빌딩. 구름이 자욱한 어느 날 이곳에서,
한 소년이 장난꾸러기 구름과 우연히 마주칩니다.
어느새 둘은 마음을 나누고, 친구가 되지요.
구름을 타고 소년이 도착한 곳은 구름이 만들어지는 '구름 공항'.
이곳에서 수많은 구름들이 한 치의 오차도 없이
'구름다운' 모습으로 태어납니다. 모두 한결같은 모양의 구름들 틈에서
소년은 무슨 일을 하게 될까요?

주제 통합 활동

≪구름 공항≫ 주제 통합 활동

의사소통

- 내가 본 구름에 이름 지어 보기
- 공항에 갔던 경험 이야기해 보기

사회관계

- 공항에서 일하는 사람들의 역할놀이 해보기

신체운동 · 건강

- 공간블록, 벽돌블록으로 공항 구성하기
- 구름이 되어 신체표현 해보기

예술경험

- 핑거페인팅으로 나만의 구름 그려 보기
- 교통기관이 그려진 작품 감상하기

자연탐구

- 구름의 생성과정 알아보기★
- 하늘을 나는 교통기관 알아보기

활동명 : 구름 비행기를 타요

활동목표 :

- 자연탐구 ➔ 과학적 탐구하기 ➔ 자연현상 알아보기
  구름의 생성원리에 대해 알 수 있다.
- 신체운동 · 건강 ➔ 신체활동에 참여하기 ➔ 자발적으로 신체활동에 참여하기
  풍선으로 만든 구름 비행기를 탈 수 있다.

활동자료 :

- 《구름 공항》 그림책
- 풍선, 풍선 부는 도구, 투명 큰 비닐, 고무줄, 시트지, 만든 여권

활동방법 :

그림책 열기

1. 《구름 공항》 그림책 표지를 보고, 내용을 상상해 본다.
   - 구름 공항을 보니 어떤 느낌이 드나요?
   - 구름 공항에서는 어떤 사람들이 어떤 일을 할까요?
   - 구름 공항에서 사람들은 어떻게 이동할까요?
2. 그림책을 읽는다.

그림책 펼치기

3. 그림책을 회상해 본다.
   - 구름의 종류에는 무엇이 있었나요?
   - 각각의 구름들은 어떻게 생겼어요?
   - 구름 공항의 구름들이 나중에는 어떤 모양으로 바뀌었나요?
4. 그림책을 다시 보며 이야기를 꾸며 본다.
5. 구름의 생성원리에 대해 알아본다.
   - '하늘을 보세요.' 하늘에 어떤 모양의 구름들이 떠 있나요?
   - 구름은 왜 생기는 걸까요?

6. 친구들과 함께 풍선놀이를 한다.

- 풍선을 구름이 되기 전 물방울로 가정하고, 신나게 풍선놀이를 한다.

7. 구름 비행기를 만들어 유아가 타 볼 수 있도록 한다.

- 흰 풍선을 큰 비닐에 한데 모아 묶는다.
- 구름 비행기의 이름을 지어본다.
- 구름 비행기를 타고 교실을 날아다니다 관제탑에 오면 멈출 수 있도록 한다.
- 출발하기 전 여권을 보여 주도록 한다.

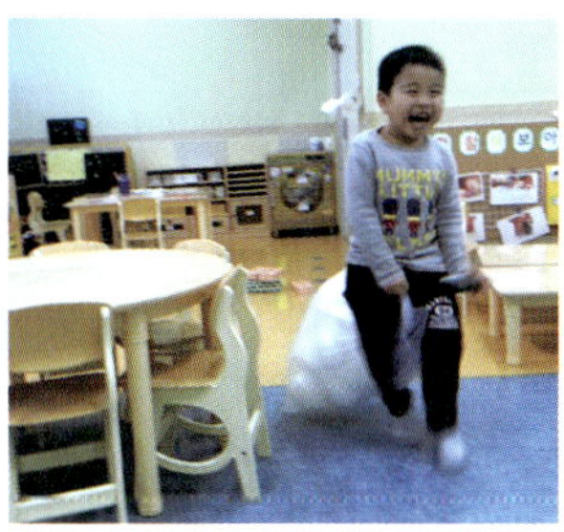

그림책 나오기

8. 구름 비행기를 타 본 느낌에 대해 이야기 나눈다.

그림책 표상 활동

년 월 일

• 구름 그림으로 나만의 구름 비행기를 꾸며 보세요.

활동주제 : 교통기관 – 즐거운 교통생활

그 림 책 : 야, 우리 기차에서 내려!

《야, 우리 기차에서 내려!》 | 존 버닝햄(글 · 그림) | 비룡소

기차놀이와 동물 인형을 좋아하는 남자 아이가
환경문제에 대해 이야기하고 있는 책입니다.
그리고 날씨와 계절이 바뀔 때마다
살기 어려워지는 동물들이 나타납니다.
그때마다 남자 아이는
"야, 우리 기차에서 내려!" 하고 말하는데,
동물들은 "제발, 나도 기차에 태워 줘!" 하고 부탁하죠.
그러면서 세계 곳곳에서 벌어지고 있는 사람들의
자연 파괴 상황을 이야기하고 있답니다.
자연을 아끼고 보호하려면 어떻게 해야 할까요?

주제 통합 활동

≪야, 우리 기차에서 내려!≫ 주제 통합 활동

의사소통

- 그림책에 나오는 동물들에게 편지 써 보기
- 단어카드 보고 문장으로 말하기★

사회관계

- 동물역할을 나누어 동극 해보기

신체운동 · 건강

- 종이상자 기차타고 길 따라 가보기
- 블록으로 기차 구성해 보기

예술경험

- 기차여행 했던 경험화 그리기
- 종이상자 이용하여 기차 만들기

자연탐구

- 기차의 종류와 모양 관찰하기
- 힘들어하는 동물을 도와줄 수 있는 방법 찾아보기

활동명 : 야, 우리 ○○ 에서 내려!

활동목표 :

- 의사소통 ➔ 말하기 ➔ 낱말과 문장으로 말하기
  단어 카드를 이용해 낱말과 문장으로 말해 본다.
- 자연탐구 ➔ 과학적 탐구하기 ➔ 간단한 도구와 기계 활용하기
  다양한 탈 것의 종류를 알고 이용해 볼 수 있다.

활동자료 :

- 《야, 우리 기차에서 내려!》 그림책
- 여러 가지 탈 것 그림 자료, 문장카드, 보드펜, 까슬이, 보슬이

활동방법 :

그림책 열기

1. '기차에 대한 수수께끼를 낸다.
   - 이것은 탈 수 있어요. 멀리 갈 때 탑니다. 칙칙폭폭 소리를 내요. 종류에는 KTX, 새마을호, 무궁화호 등이 있어요.
2. 기차를 타 본 경험에 대해 이야기를 나눈다.
   - 기차를 타 본 적이 있나요?
   - 어디에 갈 때 타 보았어요?
   - 기차를 타 본 느낌은 어땠어요?
3. 그림책 표지를 보며 일어날 일을 생각해 본다.
   - 기차에 누가 탈까요?
   - 어떤 일들이 일어날까요?

그림책 펼치기

4. 그림책을 읽고 이야기를 회상해 본다.
   - 기차에 어떤 동물들이 탔나요?
   - 그 동물들은 왜 기차를 태워달라고 했나요?

- 기차에서 어떤 일들이 생겼나요?

5. 그림책에 등장했던 동물들이 되어 이야기를 동극으로 표현해 본다.
   - 등장인물 머리띠를 두른다.
   - 책의 내용에 맞춰 등장하고 '야, 우리 기차에서 내려'를 함께 말해본다.

6. 장소, 등장인물, 탈 것 카드 중 하나씩 골라 짧은 글을 지어 본다.

> (장소)가는데 (등장인물)가 들어왔어요.
>
> 야, 우리 (탈 것)에서 내려!

7. 문장을 읽고, 달것 그림 중 하나만 골라 이야기를 완성해 본다.
   - 예) 어린이집에 가는데 토끼가 들어왔어요.
     야, 우리 어린이집 버스에서 내려!
   - 예) 하늘로 날아가는데 독수리 한 마리가 들어왔어요.
     야, 우리 비행기에서 내려!

그림책 나오기

8. 다양한 교통기관을 알아보고, 각자 문장을 만들어 발표해 본다.

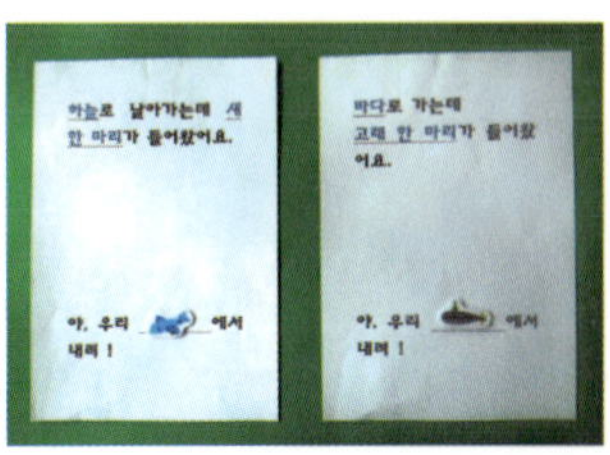

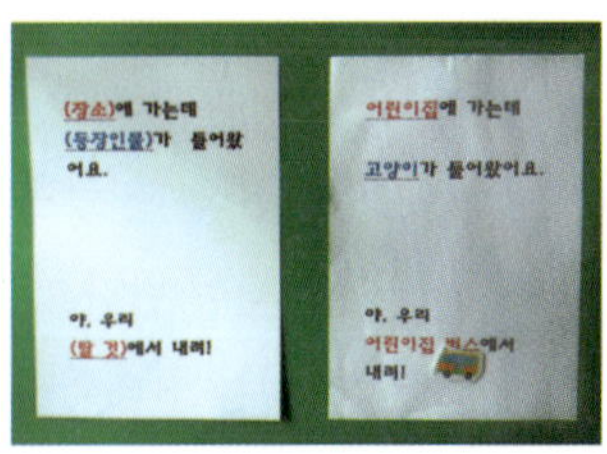

그림책 표상 활동

년 월 일

• 기차에 태우고 싶은 친구를 그리고 이름을 써 보세요.

09

우리나라와 세계 여러 나라

활동주제 : 우리나라 – 우리나라 사람들의 생활
그 림 책 : 팥죽 할머니와 호랑이

《팥죽 할머니와 호랑이》 | 조대인(글), 최숙희(그림) | 보림

동짓날에 먹는 팥죽 그리고 할머니,
거기에다 무서운 호랑이가 나오는 그림책입니다.
할머니가 정성껏 쑤어 논 팥죽을 먹은 밤톨, 송곳, 멍석, 절구, 자라, 개똥이는
할머니를 잡아먹으려는 호랑이를
여러 가지 방법으로 혼내주고 한강에 빠뜨려
할머니를 구해 주게 되는데요.
어떻게 커다랗고 무서운 호랑이를 혼내줄 수 있었을까요?

주제 통합 활동

≪팥죽 할머니와 호랑이≫ 주제 통합 활동

의사소통

- 표지 그림 보고 제목 지어 보기
- 그림책에 나온 의성어 · 의태어 따라해 보기

사회관계

- 동화 듣고 다른 사람에게 동화 내용 이야기해 주기
- 남을 도와주었던 경험 소개하기

신체운동 · 건강

- 호랑이처럼 상황에 맞는 신체표현 해보기★
- 팥죽의 새알심 빚어 보기

자연탐구

- 우리나라 전통음식에 대해 알아보기
- 우리 집에 있는 옛 물건 찾아보기

예술경험

- 호랑이 그림에 여러 가지 색깔의 콩을 붙여 꾸며 보기
- 우리나라 옛 그림 감상하기

활동명 : 호랑이가 되어 보자, 어흥!

활동목표 :

- 신체운동 · 건강 ➔ 신체활동에 참여하기 ➔ 자발적으로 신체활동에 참여하기
  그림책에 나온 호랑이가 되어 자발적으로 신체표현을 해 본다.
- 의사소통 ➔ 듣기 ➔ 바른 태도로 듣기
  그림책 이야기를 바른 태도로 들을 수 있다.

활동자료 :

- 《팥죽 할머니와 호랑이》 그림책
- 팥죽, 간식그릇, 숟가락, 그림 자료

활동방법 :

그림책 열기

1. 팥죽에 대해 이야기를 나눈다.
   - 그림책을 읽기 전 간식으로 팥죽을 먹어 본다.

   - 팥죽은 어떤 맛이었어요?
   - 간식 시간 말고 팥죽을 먹어본 적이 있나요?
   - 우리나라 절기에 동지가 있는데, 동지는 1년 가운데 낮이 가장 짧고 밤이 가장 긴 날이에요. 이 날 우리는 팥죽을 먹어요.
2. 그림책 표지에서 제목을 가린 후, 제목을 유추해 본다.
   - 호랑이와 팥죽 할머니에게 어떤 일이 일어날까요?
   - 책 제목은 무엇일까요?
3. 그림책을 읽는다.

그림책 펼치기

4. 그림책을 회상해 본다.
   - 팥 밭을 매는데 누가 나타났나요?
   - 밭매기 내기에서 진 할머니는 호랑이에게 무엇을 해주기로 했나요?
   - 할머니를 도와준 건 누구누구였나요?
   - 그들은 어떻게 할머니를 도와 드렸나요?
5. 각각의 상황을 동작으로 표현해 본다.
   - 알밤이 눈을 때렸을 때 / 손을 꽉 깨물었을 때 / 바닥에 있던 개똥을 밟았을 때 / 호랑이가 엉덩이를 찔렀을 때 / 절구가 떨어졌을 때 / 멍석에게 말릴 때 / 지게가 한강에 떨어뜨렸을 때
   - 각각의 상황을 어떻게 표현해 보면 재미있을까요?
   - 자리에 앉아서 함께 표현해 본다.

   - 한 명씩 나와서 각각의 역할을 신체표현해 본다.
   - 바닥에 각각의 그림 자료를 붙여 놓고, 원하는 역할을 정한 후 순서대로 나와서 표현해 본다.

그림책 나오기

6. 동작에 대해 평가해 본다.
   - 어떤 동작이 가장 재미있었는지, 다르게 표현해 보고 싶은 동작은 없었는지 이야기해 본다.

그림책 표상 활동

년 월 일

- 그림책 안에서 예전에 사용하던 여러 가지 물건이 나왔지요? 어떤 물건들이 나왔는지 이야기해 보세요. 우리 집에 있는 옛 물건이 있는지 찾아보거나 내가 본 적이 있는 옛 물건을 생각해보고 이름과 그림을 그려보세요.

♠우리 집에 있는 옛 물건의 이름은

______________________________ 입니다.

♠그 물건의 모양을 그려 보세요.

활동주제 : 우리나라 – 우리나라 놀이와 예술
그 림 책 : 아무도 모를 거야 내가 누군지

《아무도 모를 거야 내가 누군지》 | 김향금(글), 이혜리(그림) | 보림

외갓집 다락방에 몰래 들어간 건이는
네눈박이 탈, 소탈, 말뚝이탈 등
많은 종류의 탈을 만나게 됩니다.
탈을 하나하나 써보고
재미있고 신나는 탈의 세계로 빠져들게 되는데요.
탈마다 다른 이야기를 담고 있는
우리나라 전통 탈에 대한 그림책이랍니다.

주제 통합 활동

≪아무도 모를 거야 내가 누군지≫ 주제 통합 활동

의사소통

- 다양한 탈 그림 붙여 나만의 탈 그림 사전 만들기
- 탈 그림 보고 어떤 느낌인지 말해 보기

사회관계

- 탈 쓰고 역할놀이 해보기
- 전통탈에 대해 관심 갖고 알아보기★

신체운동 · 건강

- 탈 쓰고 탈춤 춰 보기
- 전통놀이 체험해 보기

예술경험

- 나만의 탈 꾸며 보기
- 우리나라 전통춤 감상하기

자연탐구

- 탈 만드는 과정 알아보기
- 세계 여러 나라 탈의 생김새 관찰해 보기

활동명 : 나만의 탈 책 만들기

활동목표 :

- 사회관계 ➔ 사회에 관심 갖기 ➔ 우리나라에 관심 갖고 이해하기
  우리나라 전통 탈의 종류에 대해 알아본다.
- 예술경험 ➔ 아름다움 표현하기 ➔ 미술활동으로 표현하기
  우리나라 전통 탈 그림을 이용해 팝업북을 만들어 본다.

활동자료 :

- 《아무도 모를 거야 내가 누군지》 그림책
- 색도화지(4절), 가위, 풀, 탈 사진 및 그림 자료, 색연필, 사인펜

활동방법 :

그림책 열기

1. 《아무도 모를 거야 내가 누군지》 표지를 보며 이야기 나눈다.
   - 얼굴에 무엇을 쓰고 있는 거 같아요?
   - 표정이 어떤 거 같아요?
   - 탈을 써 본 적 있나요?
   - 이 탈의 이름은 무엇일까요?
2. 그림책을 읽는다.

그림책 펼치기

3. 그림책을 회상해 본다.
   - 그림책에 어떤 탈들이 나왔있지요?
   - 각각의 탈들은 어떻게 생겼어요?
   - 탈을 보니 어떤 느낌이 들어요?
   - 우리 친구들은 어떤 탈을 써보고 싶어요?
   - 탈을 쓰고 무엇을 해보고 싶어요?
4. 탈 팝업북을 만든다.

- 여러 가지 탈의 종류에 대해 알아본다.
- 팝업북 형태로 종이를 접는다.
- 원하는 탈 그림과 내용을 오려 붙여, 자신만의 팝업북을 만든다.

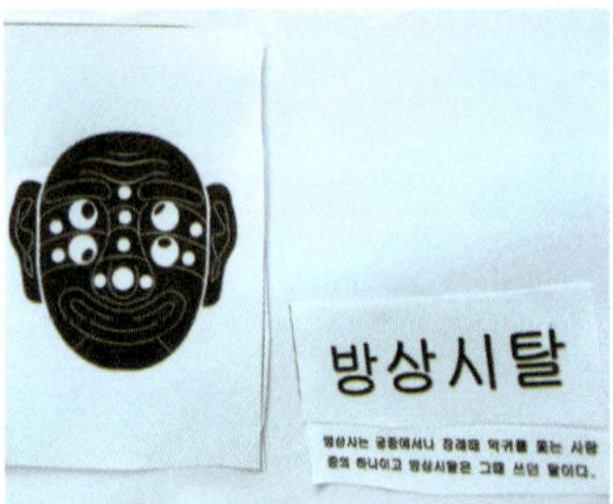

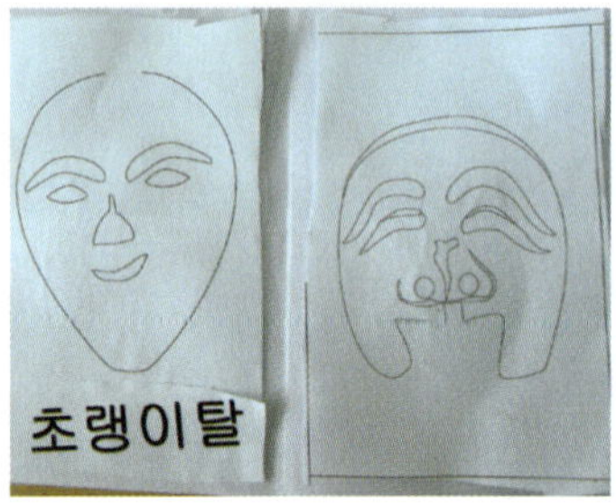

그림책 나오기

5. 자신이 가장 좋아하는 탈과 직접 만든 나만의 팝업북을 친구들에게 소개한다.

- 〈팝업북 만드는 방법〉

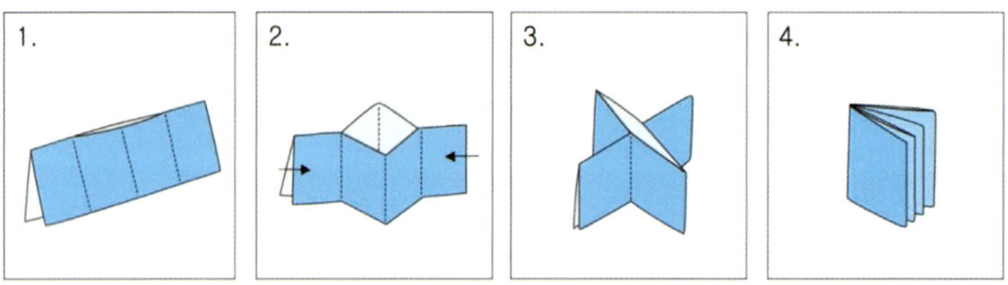

그림책 표상 활동

년 월 일

- 다양한 탈 사진을 찾아보고 아래의 이름을 가진 탈 사진을 오려 붙여 보세요. 그림책에서 보았던 탈과 내가 찾은 탈 사진을 비교해 보고 생김새를 관찰해 보세요.

말뚝이탈		각시탈	
할미탈		양반탈	
초랭이탈		원숭이탈	

♠ 그리고 싶은 탈을 마음껏 그려 보세요. 그리고 탈의 이름을 지어 보세요.

	탈 이름

활동주제 : 우리나라 – 우리나라의 역사, 자랑거리
그 림 책 : 숨 쉬는 항아리

《숨 쉬는 항아리》 | 정병락(글), 박완숙(그림) | 보림

흙으로 빚어진 옹기는 화려한 도자기를 만나게 되면서
자신의 존재에 대해서 고민하게 됩니다.
그러나 자신과 비슷한 항아리들의 쓰임새를 알게 되면서
자신감을 찾게 되지요.
주인공 옹기는 간장, 고추장, 김치 등의 저장고로 활용되는
항아리들의 쓰임새를 통해 자신의 가치를 인식하게 됩니다.

주제 통합 활동

≪숨 쉬는 항아리≫ 주제 통합 활동

의사소통
- 흙이 하는 일 말해 보기
- 다양한 모양 항아리 그림을 보고 이름 지어 보기

사회관계
- 친구와 전통음식 상차리기

신체운동 · 건강
- 항아리 모양 그릇 머리에 이고 장애물 건너기 게임

자연탐구
- 도자기 공방 견학 가기
- 우리나라 전통 그릇에 대해 알아보기

예술경험
- 찰흙으로 항아리 빚어 보기★
- 나만의 항아리 색종이 찢어 붙여 꾸미기

활동명 : 찰흙으로 만든 항아리

활동목표 :

- 예술경험 ➔ 아름다움 표현하기 ➔ 미술활동으로 표현하기
  찰흙을 이용하여 항아리를 만들어 본다.
- 사회관계 ➔ 사회에 관심 갖기 ➔ 우리나라에 관심 갖고 이해하기
  우리나라의 전통문화에 대해 알아본다.

활동자료 :

- 《숨 쉬는 항아리》 그림책
- 찰흙, 신문지

활동방법 :

그림책 열기

1. 《숨 쉬는 항아리》 표지를 보며 질문한다.
   - 이것이 무엇일까요?
   - 혹시 본 적이 있어요?
   - 어디에서 보았나요?
   - 무엇으로 만들었을 것 같아요?
   - 항아리 안에 무엇이 들어 있었어요?

2. 이 그림책의 제목은 무엇일까요?
3. 그림책을 읽는다.

그림책 펼치기

4. 그림책을 회상해 본다.
   - 이 책의 주인공은 누구일까요?
   - 옹기는 무엇으로 만들어질까요?
   - 옹기는 어디에서 구워졌어요?
   - 작은 항아리는 누구를 만났어요?

- 숨 쉬는 항아리에 든 메주와 소금물은 무엇으로 변했지요?

5. 찰흙으로 항아리를 만든다.

- 찰흙을 보여 주며 만드는 방법에 대해 이야기 나눈다.
- 찰흙을 조금씩 떼어 책상에 대고 두 손바닥으로 길게 민다.
- 길게 민 찰흙을 겹겹이 쌓아 올려 항아리를 완성한다.
- 그늘에 말린다.

그림책 나오기

6. 만든 항아리에 담고 싶은 물건을 담아 전시한다.

그림책 표상 활동

년 월 일

- 아래의 항아리를 보고 이름을 지어 보세요. 그리고 나만의 항아리를 그려 보세요.

항아리 그림	이름

활동주제 : 우리나라 – 세계 여러 나라 사람들의 생활
그 림 책 : 모자 쓰고 인사해요

《모자 쓰고 인사해요》 | 한경대 디자인학부(구성), 이혜경(그림) | 보림

세계 여러 나라는
각자 다른 문화를 가지고 있지요.
나라마다 다른 전통 모자를 쓰고,
그 나라 사람들처럼 인사를 해 볼 수 있답니다.
어느 나라의 모자와 인사말이 마음에 드나요?

주제 통합 활동

≪모자 쓰고 인사해요≫ 주제 통합 활동

의사소통

- 세계 여러 나라 인사말 말해 보기★
- 세계 여러 나라 동화책 보기

사회관계

- 친구와 여러 나라 인사말로 인사해 보기
- 세계 여러 나라 손인형으로 극놀이 해보기

신체운동 · 건강

- 다른 나라 전통놀이 해보기
  (예 – 디깡따오:[베트남]의 전통놀이로써 우리나라의 공기와 비슷하지만 공깃돌 대신 나뭇가지를 이용하여 손등, 손바닥으로 잡는 놀이)

예술경험

- 다양한 천 조각 붙여 모자 꾸미기

자연탐구

- 추운 나라와 더운 나라의 모자 비교해 보기

활동명 : 세계 여러 나라 여행을 떠나요

활동목표 :

- 의사소통 ➔ 말하기 ➔ 상황에 맞게 바른 태도로 말하기
  세계 여러 나라의 인사말을 알고 따라해 본다.
- 사회관계 ➔ 다른 사람과 더불어 생활하기 ➔ 사회적 가치를 알고 지키기
  세계 여러 나라의 다양한 문화를 알 수 있다.

활동자료 :

- 《모자 쓰고 인사해요》 그림책
- 세계의 인사노래 녹음 자료
  인사노래 - 〈세계의 인사〉 ※ (에클로프 작사 · 작곡)
  ※ 출처 : Jackman, B. L. (1997). Early Childhood Education. Delmar Publishers

활동방법 :

그림책 열기

1. 큰 소리로 '안녕하세요'라고 인사한다.
   - 우리는 만나면 어떻게 인사하는지 상황에 맞는 인사말에 대해 이야기 나누기를 한다.
2. 표지를 보며 세계 여러 나라 인사말에 대해 알아본다.
3. 그림책을 읽는다.

그림책 펼치기

4. 그림책을 회상해 본다.
   - 세계 여러 나라 사람들은 어떻게 인사했어요?
   - 세계 여러 나라 모자는 어떻게 생겼어요?
5. 인사말 맞추기 게임을 한다.
   - 다함께 책을 보며 인사말을 익힌 후, 나라 이름을 말하면 손들고 인사말 맞추기 게임을 한다.

• 그 나라의 인사말을 맞춘 친구는 모자를 쓰고 다시 인사말을 해 본다.

6. '세계의 인사 노래'를 들어 보고 불러 본다.

• '세계의 인사 노래'를 먼저 들어 본다.
• 노래를 듣고 따라 불러 본다.

그림책 나오기

7. 다른 나라 인사말로 바꾸어 노래 불러 본다.

그림책 표상 활동

년 월 일

• 어느 나라에 가 보고 싶은가요?
그 나라에서는 어떤 모자를 쓰는지 찾아보고 그림으로 그려 보세요.

♠ 내가 가보고 싶은 나라 이름은

______________________________ 입니다.

♠ 그 나라에서 쓰는 모자 또는 내가 쓰고 싶은 모자는 이렇게 생겼어요.

10

가을과 열매

활동주제 : 가을과 열매 – 가을 풍경

그 림 책 : 산에 가자

《산에 가자》 | 이상권(글), 한병호(그림) | 보림

아빠와 솔이가 산을 오르내리며

청설모, 알록달록 나뭇잎 등을 보게 됩니다.

아빠와 산에서 함께한

다양한 놀이와 대화를 담은 이야기책입니다.

그림책을 읽은 후에 아이와 함께 산에 가보면 어떨까요?

주제 통합 활동

의사소통

- 산에서 해 보았던 놀이 이야기해 보기

사회관계

- 친구와 손잡고 가을길 산책하기

≪산에 가자≫ 주제 통합 활동

신체운동 · 건강

- 낙엽 썰매 타보기
- 주운 나뭇가지 던져 통에 넣어 보기

예술경험

- 가을나무 꾸며 보기
- 가을 산과 관련된 노래 불러 보기

자연탐구

- 다양한 낙엽 주워 관찰하기★
- 산에 사는 동물 알아보기

활동명 : 가을나무 꾸미기

활동목표 :

- 자연탐구 ➔ 과학적 탐구하기 ➔ 자연현상 알아보기
  가을철 나뭇잎 색의 변화를 관찰해 본다.
- 예술경험 ➔ 아름다움 표현하기 ➔ 미술활동으로 표현하기
  다양한 모양의 나뭇잎으로 가을나무를 꾸며 본다.

활동자료 :

- 《산에 가자》 그림책
- 흰색 도화지, 갈색 도화지, 다양한 나뭇잎 모양, 스카치테이프, 파스텔, 색연필, 사인펜, 화장지 또는 면봉

활동방법 :

그림책 열기

1. 《산에 가자》 그림책 표지를 보며 이야기 나눈다.
   - 그림을 보니 어떤 계절인 것 같아요?
   - 아빠랑 아이는 누워서 무엇을 바라보고 있는 걸까요?
2. 그림책을 읽는다.

그림책 펼치기

3. 그림책을 회상해 본다.
   - 산에 오르면서 아빠와 솔이는 어떤 놀이를 했나요?
   - 또 무엇무엇을 보았나요?
   - 가을 산의 느낌은 어땠나요?
4. 산에 가 본 경험에 대해 이야기를 나눈다.
   - 봄, 여름, 가을, 겨울 중 언제 가 보았나요?
   - 각 계절의 산은 각각 무슨 색이고, 어떻게 다를까요?
   - 가을 산에 오르면서 무엇을 보았나요?

- 가을 산은 무슨 색깔이었나요?
- 나뭇잎은 어떤 모양이었나요?

5. 가을 나무를 꾸며 본다.
   - 다양한 나뭇잎을 보여 주고, 모양과 색을 관찰한다.
   - 유아가 원하는 나뭇잎 모양을 나누어 주고, 다양한 재료로 꾸며 본다.

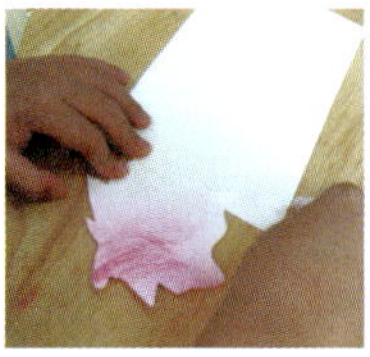
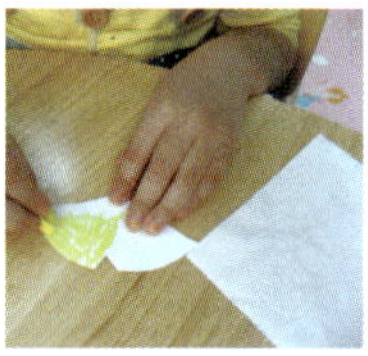
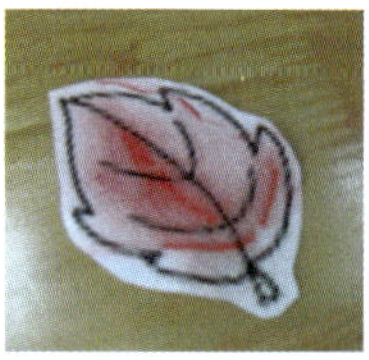

   - 도화지에 붙인 나무 기둥을 나누어 준 후, 유아가 원하는 위치에 나뭇잎을 붙여 가을 나무를 완성한 후, 나무 이름을 지어 본다.

그림책 나오기

6. 유아가 꾸민 가을 나무를 교실에 전시하여 감상한다.

그림책 표상 활동

년 월 일

• 산에 가면 여러 가지 다양한 색깔의 나뭇잎을 많이 볼 수 있지요.
색종이 또는 다양한 종이를 이용해 여러 가지 색의 나뭇잎을 접어 가을 나무를 꾸며 보세요.

활동주제 : 가을과 열매 – 가을의 변화

그 림 책 : 나뭇잎이 달아나요

《나뭇잎이 달아나요》 | 올레 쾨네케(글 · 그림) | 시공주니어

아이들 여럿이 나무에서 떨어진 나뭇잎들을
한 곳으로 모으고 있습니다.
그리고 방금 떨어진 나뭇잎도 치우기 위해 다가갔는데
그때 바람이 불어 나뭇잎이 날아갔어요.
아이들은 나뭇잎을 잡기 위해 이리저리로 뛰었어요.
나뭇잎은 누가 잡게 될까요?

주제 통합 활동

≪나뭇잎이 달아나요≫ 주제 통합 활동

의사소통

- 나뭇잎을 잡은 친구 이름 말해 보기
- 주운 낙엽 이름 말해 보기

사회관계

- 나뭇잎 주워 친구에게 편지 써 보기

신체운동 · 건강

- 나뭇잎 불어 멀리까지 날려 보기

예술경험

- 나뭇잎으로 가을풍경 구성해 보기★
- 낙엽 프로타주

자연탐구

- 나뭇잎 색깔과 같은 색 찾아보기

활동명 : 나뭇잎으로 가을을 꾸며 보아요

활동목표 :

- 자연탐구 ➔ 과학적 탐구하기 ➔ 자연현상 알아보기
  가을의 변화에 따른 다양한 나뭇잎의 모양과 색깔을 관찰한다.
- 예술경험 ➔ 아름다움 표현하기 ➔ 미술활동으로 표현하기
  가을 나뭇잎과 다양한 재료를 이용해 꾸미기를 할 수 있다.

활동자료 :

- 《나뭇잎이 달아나요》 그림책
- 가을 나뭇잎, 붓펜, 목공풀, 도화지

활동방법 :

그림책 열기

1. 《나뭇잎이 달아나요》 표지를 보며 이야기 나눈다.
   - 친구들이 무엇을 하고 있는 것 같아요?
   - 왜 나뭇잎을 쫓아가는 걸까요?
   - 친구들은 나뭇잎으로 무엇을 할까요?
2. 그림책을 읽는다.

그림책 펼치기

3. 그림책을 회상해 본다.
   - 그림책에서 본 계절은 봄, 여름, 가을, 겨울 중 언제일까요?
   - 가을이라는 것을 어떻게 알 수 있었어요?
   - 그림책에 나온 친구들은 나뭇잎으로 무엇을 했나요?
4. 다양한 가을 나뭇잎의 모양과 색깔을 관찰한다.
   - 나뭇잎의 모양이 어떻게 생겼어요?
   - 가을 나뭇잎의 색깔은 다른 계절의 나뭇잎의 색깔과 어떻게 달라요?
5. 나뭇잎을 이용해 가을을 구성해 보고, 붓펜으로 그려 꾸미기를 완성한다.

- 다양한 나뭇잎을 이용해 무엇을 꾸며 볼 것인지 구상한다.
- 구상한대로 나뭇잎을 붙이고, 붓펜으로 그림을 그려 가을을 완성한다.

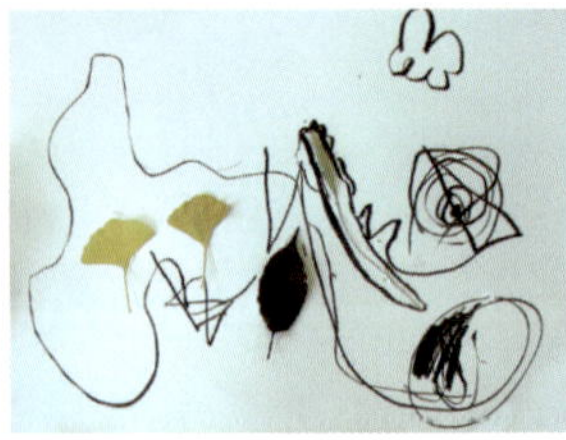

그림책 나오기

6. 유아의 작품을 게시판에 전시하여 함께 감상한다.

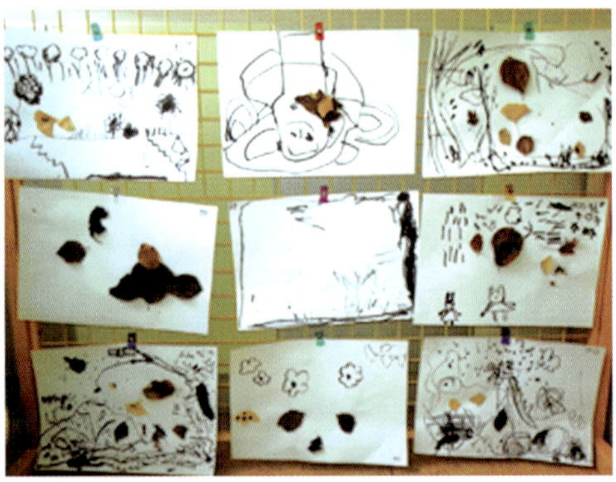

그림책 표상 활동

년 월 일

• 밖에서 주운 나뭇잎을 이용하여 아래와 같은 순서로 그림을 그려 보세요. (낙엽 프로타주)

♠ 낙엽 프로타주 활동 순서

1. 나뭇잎의 뒷면이 위로 오게 놓는다.
2. 나뭇잎을 종이 밑에 댄다.
3. 색연필로 문지른다.
4. 나뭇잎 모양이 나타난 것을 확인한다.
5. 나뭇잎 모양을 자세히 관찰해 본다.
6. 나타난 모양 종이를 오려서 아래 동그라미 안에 붙여 보세요.

활동주제 : 가을과 열매 – 풍성한 가을

그 림 책 : 바빠요 바빠

《바빠요 바빠》 | 윤구병(글), 이태수(그림) | 보리

가을이 익어가는 산골마을 마루네 집이랍니다.
추수와 가을걷이로 일손이 모자랍니다.
할아버지는 옥수수를 말리느라
할머니는 참깨를 털고 고추를 말리느라 바빠요 바빠.
들판에 누렇게 벼가 익어 가면
참새들은 낟알을 쪼아 먹고 허수아비는 참새를 쫓지요.
마루는 어디에 있을까요?

주제 통합 활동

《바빠요 바빠》 주제 통합 활동

의사소통

• 가을이 되면 달라지는 것들 이야기해 보기
• 가을이 되어 바빠진 이유는 무엇인지 그림으로 표현해 보기

사회관계

• 논 가운데 서 있는 허수아비의 기분이 어떨지 생각해 보기

신체운동 · 건강

• 북소리를 들으며 빠르게 또는 천천히 움직여 보기

예술경험

• 한지와 점토 이용하여 허수아비 만들기★

자연탐구

• 신문지, 비닐 등을 이용하여 가을 곤충 소리 만들어 보기

활동명 : 허수아비 만들기

활동목표 :

- 예술경험 ➔ 아름다움 표현하기 ➔ 미술활동으로 표현하기
  다양한 미술재료를 이용해 개성 있는 허수아비를 만들어 볼 수 있다.
- 의사소통 ➔ 말하기 ➔ 상황에 맞게 바른 태도로 말하기
  허수아비가 세워져 있는 이유에 대해 이야기해 본다.

활동자료 :

- 《바빠요 바빠》 그림책
- 허수아비 사진자료, 아이클레이, 우드락, 한지, 빨대, 스카치테이프

활동방법 :

그림책 열기

1. '허수아비 아저씨' 노래를 부른다.
2. 그림책을 읽어줄 때 책에서 '허수아비 아저씨가 어디에 나오는지 잘 찾아 보도록 하자' 라고 이야기한다.
3. 그림책을 읽는다.

그림책 펼치기

4. 그림책을 회상해 본다.
   - 시골의 가을 풍경은 어땠나요?
   - 사람들은 모두 왜 바쁠까요?
   - 허수아비는 어디에 서 있었나요?
   - 허수아비는 어떤 표정이었나요?
   - 논에 허수아비를 왜 세워 놓았을까요?
5. 다양한 허수아비의 모양과 생김을 관찰해 본다.
   - 허수아비의 표정은 어때요?
   - 각각의 허수아비들은 어떤 특징들이 있나요?

- 시골에서 본 허수아비는 어떻게 생겼나요?

6. 다양한 재료를 소개하고, 창의적인 허수아비를 만들어 본다.
   - 각자 어떤 허수아비를 만들고 싶은지 생각해 본 후, 재료를 사용해서 개성 있는 허수아비를 만들어 본다.

그림책 나오기

7. 친구들에게 완성된 허수아비를 보여 주며, 허수아비의 특징에 대해 발표해 본다.

그림책 표상 활동

년　　월　　일

- 들판에 혼자 서 있는 허수아비는 어떤 생각을 하고 있을까요? 허수아비에게 하고 싶은 말을 편지로 써 보세요.

활동주제 : 가을과 열매 – 추석과 놀이
그 림 책 : 가을을 만났어요

《가을을 만났어요》 | 이미애(글), 한수임(그림) | 보림

한 아이의 움직임을 따라
가을을 느낄 수 있는 그림책입니다.
푸른 하늘과 뭉게뭉게 피어오르는 구름, 고추잠자리, 들꽃,
벼이삭, 참새 떼, 붉게 물든 나뭇잎, 알밤, 멍석 위의 빨간 고추 등
도시에서는 보기 힘든 가을 풍경이 펼쳐집니다.
아이와 함께
가을을 만나러 가보면 어떨까요?

주제 통합 활동

≪가을을 만났어요≫ 주제 통합 활동

의사소통

- 가을 곤충들의 소리 흉내내 보기
- 가을 관련 동시 듣고 동시 지어 보기★

사회관계

- 가을 산에 올라갈 때 지켜야 할 규칙 알아보기

예술경험

- 낙엽 꼴라주
- 가을 관련 노래 불러 보기

자연탐구

- 가을에 볼 수 있는 곤충에 대해 알아보기
- 물감을 이용하여 가을색 만들어 보기

신체운동 · 건강

- 블록으로 가을 나무 구성해 보기
- 가을바람 느끼며 달리기 (비닐봉지, 종이, 풍선 등)

활동명 : 가을 동시 짓기

활동목표 :

- 의사소통 ➔ 듣기, 말하기 ➔ 운율이 있는 말 듣기 / 동요, 동시, 동화 듣고 이해하기
  운율이 있는 동시를 듣고, 가을 동시 짓기를 해 볼 수 있다.
- 자연탐구 ➔ 과학적 탐구하기 ➔ 자연현상 알아보기
  가을의 변화와 특징에 대해 알 수 있다.

활동자료 :

- 《가을을 만났어요》 그림책
- 동시 예시 자료, 활동지, 색연필

활동방법 :

그림책 열기

1. 《가을을 만났어요》 표지를 보며 이야기 나눈다.
   - 가을 하늘을 본 적 있어요?
   - 가을 하늘에서 무엇을 보았어요?
   - 책에서 본 가을 하늘은 어떤 느낌이 들어요?
   - 하늘에 무엇이 날아다니나요?
2. 그림책을 읽는다.

그림책 펼치기

3. 그림책을 회상해 본다.
   - 어떤 곤충들을 보았어요?
   - 어떤 소리가 들리는 것 같아요?
   - 주인공은 가을에 누구누구를 초대했을까요?
   - 그림책을 읽어보니 어떤 색, 어떤 향기가 느껴지나요?
4. 동시에 대해 알아본다.
   - 동시를 들어본 적 있어요?

- 동시란 무엇일까요?

5. 가을 동시를 감상하고, 가을에 대한 동시를 지어 본다.

- 동시를 짓기 전에 먼저 감상해 본다.
- 우리가 지을 동시에 대해 함께 알아보고, 동시를 한 줄씩 지어 본다.

그림책 나오기

6. 완성된 가을 동시를 교실에 전시하고, 감상한다.

그림책 표상 활동

년 월 일

• 그림책에서 나온 곤충을 찾아 ○표해 보세요. 그 중 여러분이 좋아하는 곤충의 이름을 쓰고 그림으로 그려 보세요.

♠ 내가 좋아하는 곤충의 이름은

______________________________ 입니다.

♠ 곤충은 이렇게 생겼어요.

활동주제 : 가을과 열매 – 가을 나들이

그 림 책 : 아기 곰의 가을 나들이

《아기 곰의 가을 나들이》 | 데지마 게이자부로(글 · 그림) | 보림

북쪽 나라 가을 산에 울긋불긋 물이 들고, 차가운 가을바람이 불어오자
엄마 곰과 아기 곰은 겨울잠 준비를 하기 위해 바쁘게 움직입니다.
잘 익은 머루를 실컷 먹고 아기 곰으로서는 생전 처음 연어를 잡으러 가는데요.
초승달이 온 산을 금빛으로 물들이는 저녁 숲속 강가에서
엄마 곰과 아기 곰은 웅크리고 앉아 강물을 쳐다봅니다.
"올까요? 정말 올까요?"
무엇이 온다는 말일까요?

주제 통합 활동

≪아기 곰의 가을 나들이≫ 주제 통합 활동

의사소통
- 아기 곰이 좋아하는 먹이는 무엇인지 이야기해 보기

사회관계
- 내가 만약 아기 곰이라면, 연어라면 어떨지 생각해 보기

신체운동 · 건강
- 곰처럼 움직여 보기

자연탐구
- 겨울 잠 준비하는 동물과 겨울 준비에 대해 알아보기
- 산책하며 가을 느껴 보기★

예술경험
- 크레파스 스크레치

활동명 : 가을을 느낄 수 있어요

활동목표 :

- 의사소통 ➔ 말하기 ➔ 느낌, 생각, 경험 말하기
  가을을 느낄 수 있는 변화에 대해 알아보고, 이야기해 본다.
- 자연탐구 ➔ 과학적 탐구하기 ➔ 자연현상 알아보기
  주변의 자연환경 속에서 가을을 느낄 수 있는 것들을 찾아본다.

활동자료 :

- 《아기 곰의 가을 나들이》 그림책
- 사진기, 사진 자료

활동방법 :

그림책 열기

1. 《아기 곰의 가을 나들이》 표지를 보며 이야기 나눈다.
   - 두 마리의 곰은 무엇을 하고 있는 것 같아요?
   - 곰들은 나무에서 무엇을 먹고 있어요?
   - 아기 곰의 가을 나들이는 어떤 모습일까요?
2. 그림책을 읽는다.

그림책 펼치기

3. 그림책을 회상해 본다.
   - 어떤 곤충들을 보았어요?
   - 어떤 소리가 들리는 것 같아요?
   - 주인공은 가을에 누구누구를 초대했을까요?
   - 그림책을 읽어보니 어떤 색, 어떤 향기가 느껴지나요?
4. 어린이집 주변을 산책하며, 아기 곰처럼 가을을 느낄 수 있는 것들을 찾아보고, 사진 찍어 본다.
   - 우리가 느낄 수 있는 가을의 변화에는 무엇 무엇이 있을까요?

• 어린이집 주변을 산책하며 각자가 느끼는 가을을 찾아보도록 해요.

5. 어린이집 주변에서 찍어 온 가을 사진을 출력하여 이야기 나누기를 한다.

그림책 나오기

6. 어린이집 이외에 집 주변에서도 가을을 느낄 수 있는 것들을 찾아보도록 한다.

그림책 표상 활동

년 월 일

• 아기 곰이 가을 나들이를 나갔어요. 가을 나들이를 나가면 색색의 많은 나뭇잎들을 볼 수 있는데 그 나뭇잎으로 친구와 함께 다음과 같은 게임을 해보세요.

♠ 활동방법

1. 바닥에 동그라미를 그린다.
2. 동그라미 바깥에 서서 낙엽을 던져 점수가 가장 높은 동그라미에 떨어뜨리는 사람이 이긴다.
3. 나뭇잎을 여러 번 던져서 나온 점수를 합해 높은 점수가 나오는 유아가 누구인지 겨룰 수 있다.

11

환경과 생활

활동주제 : 환경과 생활 – 물과 우리 생활

그 림 책 : 무지개

《무지개》 | 문승연(글 · 그림) | 길벗어린이

세상 모든 것에는 제각기 자신만의 색깔이 있지요.
그렇지만 언제나 같은 색깔로 보이지는 않습니다.
빛의 변화에 따라서 사물의 색도 시시각각 변하기 때문입니다.
빛이 없는 밤에는 모든 색깔이 어둠 속으로 숨어듭니다.
아침 해가 기지개를 켜면 색깔들이 하나 둘 깨어나 세상을 아름다운 빛깔로 채웁니다.
바람이 부른 구름이 해를 가리면 세상은 잿빛으로 물이 듭니다.
시원한 비가 어둠을 씻어 내고 색깔들은 햇빛 속에서 춤을 추다가
아름다운 무지개를 만듭니다.
무지개를 보면 어떤 생각이 드나요?

주제 통합 활동

≪무지개≫
주제 통합 활동

의사소통

- 무지개를 보았던 경험 이야기 나누기
- 물의 순환 책 만들기

사회관계

- 만약 물이 없다면 어떤 일이 생길지 생각해 보기

신체운동 · 건강

- 물방울 되어 신체표현 해보기
- 좋아하는 숫자만큼 물방울 모아 붙이기

예술경험

- 물의 순환관련 노래 불러 보기★
- 무지개색 물 유리병 연주해 보기

자연탐구

- 프리즘으로 무지개 만들어 보기
- 좋아하는 색깔 그래프 만들어 보기

활동명 : 물방울의 여행

활동목표 :

- 예술경험 ➔ 아름다움 표현하기 ➔ 음악으로 표현하기
  물의 순환과정을 리듬감을 살려 노래로 불러볼 수 있다.
- 자연탐구 ➔ 과학적 탐구하기 ➔ 생명체와 자연환경 알아보기
  물의 순환과정에 대해 알아본다.

활동자료 :

- 《무지개》 그림책
- 물의 순환과정 사진 자료, 물의 순환 노래, 색도화지, 색연필, 가위

활동방법 :

그림책 열기

1. 《무지개》 표지를 보며 이야기 나눈다.
   - 무지개를 보니 어떤 느낌이 드나요?
   - 무지개를 본 적이 있나요?
   - 언제, 어디서 보았나요?
2. 그림책을 읽는다.

그림책 펼치기

3. 그림책을 회상해 본다.
   - 무지개는 어떤 색깔로 이루어져 있어요?
   - 각각의 색에는 어떤 사물들이 숨어 있었나요?
   - 빛에 따라 사물의 색은 어떻게 다르게 보였나요?
4. 물의 순환과정에 대해 이야기 나누기를 한다.
   - 그림 자료를 보며 물의 순환과정에 대해 설명해 준다.

5. 동영상을 이용해 '물의 순환' 노래를 함께 배우고 불러 본다.

6. 물의 순환과정을 이해하고 작은 책 만들기를 한다.

- 작은 책을 만들 수 있도록 색도화지를 접어서 나누어 준다.
- 유아가 물의 순환과정을 색칠하고 오려 붙여 작은 책을 만든다.

그림책 나오기

7. 물을 오염시키지 않기 위해 우리가 할 수 있는 일들에는 무엇이 있는지 이야기 나누어 본다.

그림책 표상 활동

년 월 일

• 그림에 있는 물방울들은 어디로 가는 걸까요? 그림을 그리고 이야기를 만들어 보세요.

♠ 물의 순환과정을 그려 보세요.

활동주제 : 환경과 생활 – 돌 · 흙과 우리 생활
그 림 책 : 선인장 호텔

《선인장 호텔》 | 브렌다 기버슨(글), 메건 로이드(그림) | 마루벌

어느 날 뜨겁고 메마른 사막에서의 일입니다.
사와로 선인장에서 빨간 열매가 툭 떨어졌어요.
그 속에 들었던 씨 하나는
사막쥐에 의해 나무 아래로 가게 됐어요.
그러던 어느 날, 나무 아래에서 싹 하나가 나오는데
그 싹이 점점 자라게 됩니다.
점점 자라서 무엇이 되었을까요?

주제 통합 활동

≪선인장 호텔≫ 주제 통합 활동

의사소통

- 다양한 종류의 선인장 그림책 만들기
- 나의 선인장 호텔에 함께 살고 싶은 동물 말해 보기

사회관계

- 우리 집에 있는 나무에 이름 지어 주기
- 친구와 함께 우리 반 선인장 호텔 만들기(협동작품)★

신체운동 · 건강

- 젖은 모래로 선인장 호텔 구성해 보기
- 흙, 모래, 자갈길 걸어 보기

예술경험

- 선인장 그림이나 사진 감상하기

자연탐구

- 공생하는 동식물 알아보기
- 내가 좋아하는 식물 키워 보기

활동명 : 우리 반 선인장 호텔 만들기

활동목표 :

- 사회관계 ➔ 더불어 생활하기 ➔ 다른 사람과 더불어 생활하기
  친구와 협동하여 공동의 작품을 만들어 볼 수 있다.
- 자연탐구 ➔ 탐구하는 태도 기르기 ➔ 탐구과정 즐기기
  사막과 선인장의 특징을 알 수 있다.

활동자료 :

- 《선인장 호텔》 그림책
- 색지, 사인펜, 풀, 전지

활동방법 :

그림책 열기

1. 《선인장 호텔》 표지를 보며 이야기 나눈다.
   - 이곳은 어디일까요?
   - 그림을 보니 어떤 느낌이 들어요?
   - 왜 제목을 선인장 호텔이라고 했을까요?
2. 그림책을 읽는다.

그림책 펼치기

3. 그림책을 회상해 본다.
   - 사막의 사와로 선인장은 어떻게 자랐나요?
   - 새들은 사와로 선인장에게 어떤 도움을 주었나요?
   - 선인장 호텔에서는 누가누가 살았나요?
   - 함께 살아가기 위해서는 서로에게 어떤 배려를 해야 할까요?
   - 늙은 선인장 호텔은 어떻게 되었나요?
4. 선인장의 특징에 대해 이야기 나누기를 한다.
   - 사막에 살고, 가시가 있고, 잎이 없는 게 특징이다.

5. 우리 반만의 선인장 호텔을 친구들과 함께 만들어 본다.

- 선인장 모양으로 자른 색지를 유아들에게 한 장씩 나누어 준다.
- 유아가 선인장 모양의 색지에 함께 살고 싶은 사람을 그리고 꾸민다.
- 준비된 선인장 중심 부분에 먼저 완성한 유아부터 자신의 선인장 줄기를 붙여 선인장 호텔을 만든다.
- 마지막으로 친구들과 협동하여 선인장 꽃과 배경을 꾸며 완성한다.

그림책 나오기

6. 완성된 우리 반만의 선인장 호텔을 교실 환경판에 붙이고 이름을 지어본 후, 감상한다.

그림책 표상 활동

년 월 일

• 우리 집에서 키우고 있는 선인장 또는 주변에서 보았던 선인장이 어떤 것들이 있는지 찾아 보세요. 그 선인장의 이름을 쓰고 다양한 재료(이쑤시개, 솜공, 파스텔)를 이용해 선인장을 표현해 보세요.

♠ 내가 찾은 선인장의 이름은

______________________ 입니다.

활동주제 : 환경과 생활 – 바람 · 공기와 우리 생활

그 림 책 : 바람이 좋아요

《바람이 좋아요》 | 최내경(글), 이윤희(그림) | 마루벌

엄마와 아이가 동네 뒷산이나 공원을 산책하다가
불어오는 바람을 느끼며 함께 읽으면 참 좋을 것 같은 그림책이지요.
그림책 안에서 한 아이와 엄마는 바람이 불면
어떤 일들이 일어나는지에 대해 도란도란 이야기를 주고받습니다.
아이는 바람에 대해 궁금한 것이 많아
엄마에게 이것저것 질문을 쏟아 냅니다.
또 주변의 사물이 바람과 만날 때 일어나는 광경을
관찰하고 표현합니다.
주변에서 만날 수 있는 바람에 대해 좀 더 찾아보면 어떨까요?

주제 통합 활동

≪바람이 좋아요≫
주제 통합 활동

의사소통

- 내가 느꼈던 바람에 대해 이야기 해보기
- 동요가사 바꿔 보기★

사회관계

- 바람에게 편지 써서 연에 날려 보내기

예술경험

- 바람을 이용하여 소리 나는 악기 연주해 보기
- 뱀 바람개비 만들어 보기

자연탐구

- 말린 음식 만들어 보기 (예: 과일 썰어 말려 보기)
- 눈 감고 냄새로 어떤 물건인지 알아 맞추기

신체운동 · 건강

- 블록으로 풍차 구성해 보기
- 스카프를 이용하여 바람을 신체표헌 헤보기

활동명 : 바람을 느낄 수 있어요

활동목표 :

- 의사소통 ➔ 듣기 ➔ 동요, 동시, 동화 듣고 이해하기
  동요를 듣고 자신의 느낌에 맞게 노랫말을 바꾸어 볼 수 있다.
- 자연탐구 ➔ 과학적 탐구하기 ➔ 자연현상 알아보기
  자연현상 중 바람을 느낄 수 있는 것을 탐색하고 찾아볼 수 있다.

활동자료 :

- 《바람이 좋아요》 그림책
- 가을바람 노랫말 판, 뱀 바람개비 만들기 활동지, 가위, 털실, 스카치테이프, 핀치
- 동요 - 《가을 바람》 (김규환 작사 · 작곡)

※출처 : 풀잎 동요마을

활동방법 :

그림책 열기

1. 《바람이 좋아요》 표지를 보며 이야기 나눈다.
   - 기구나 민들레 홀씨가 날아가기 위해서는 무엇이 필요할까요?
   - 친구들은 주변에서 바람을 느껴본 적이 있나요?
   - 바람은 어떤 일들을 할까요?
2. 그림책을 읽는다.

그림책 펼치기

3. 그림책을 회상해 본다.
   - 바람은 우리에게 어떤 도움을 주었나요?
   - 주인공은 무엇을 만들었어요?
   - 바람개비가 돌아가기 위해서는 무엇이 필요했어요?
   - 울긋불긋 단풍잎은 왜 바람을 기다렸을까요?

4. 유아들이 뱀 바람개비를 만든다.
   - 뱀 모양을 점선을 따라 오린다.
   - 펀치로 가운데 구멍을 뚫는다.
   - 털실을 묶어 완성한다.

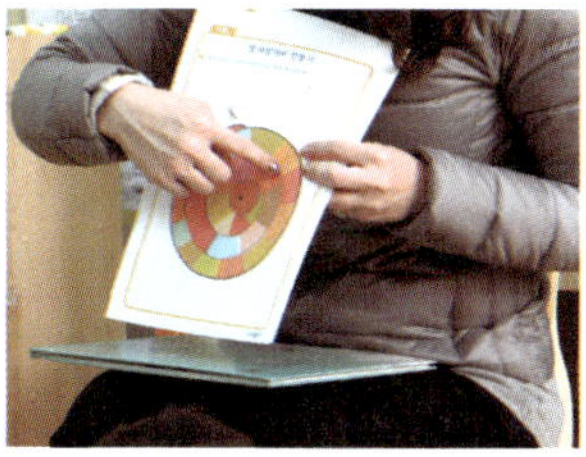

5. 완성된 바람개비를 들고 바람이 부는 곳으로 가서 바람개비의 움직임을 느끼고 관찰한다.

6. 동영상을 통해 가을바람 노래를 배우고 개사해 본다.

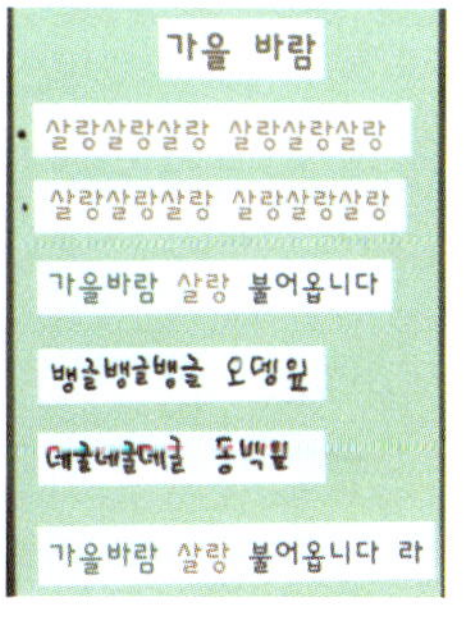

그림책 나오기

7. 바깥으로 나가 우리 주변에서 바람을 느낄 수 있는 것들을 찾아본다.

그림책 표상 활동

년 월 일

• 다음 동시 〈바람이 부는 걸 어떻게 알았니?〉를 자유롭게 완성해 보세요.

바람이 부는 걸 어떻게 알았니?

지은이 안미정

바람이 부는 걸 어떻게 알았니?
찰랑찰랑 흔들리는 머리카락보고 알았지.

바람이 부는 걸 어떻게 알았니?

[ ]

바람이 부는 걸 어떻게 알았니?

[ ]

바람이 있는 걸
나는 알 수 있지!

활동주제 : 환경과 생활 – 빛과 우리 생활

그 림 책 : 아빠, 달님을 따 주세요

《아빠, 달님을 따 주세요》 | 에릭 칼(글 · 그림) | 더큰

깜깜한 밤 모니카가 잠자리에 들려고 하는데,

달님이 창문에서 아주 가깝게 보였습니다.

모니카는 달님이랑 놀고 싶었어요.

하지만 모니카가 팔을 아무리 뻗어도 달님한테는 닿지 않았습니다.

"아빠, 달님을 따 주세요!"

아빠는 기다란 사다리를 가지고 높은 산으로 갔답니다.

아빠가 달님을 따다 주셨을까요?

주제 통합 활동

≪아빠, 달님을 따 주세요≫ 주제 통합 활동

의사소통
- 달의 변화과정 책 만들어 보기
- '보름달' 동시 읽고 바꾸어 동시 지어 보기

사회관계
- 밤하늘을 보며 달, 별에게 이름 지어주기
- 달에게 빌고 싶은 소원 말해 보기

신체운동 · 건강
- 밀가루 반죽으로 달 모양 쿠키 만들기
- 다양한 달 모양 선 따라 걸어 보기

예술경험
- 달 관련 노래 불러 보기
- 두꺼운 도화지, 호일로 달 만들어 밤하늘 꾸미기

자연탐구
- 달의 변화 과정 알아보기★
- 밤하늘 관찰하기

활동명 : 달은 변해요

활동목표 :

- 자연탐구 ➔ 과학적 탐구하기 ➔ 자연현상 알아보기
  달의 변화과정에 대해 알 수 있다.
- 예술경험 ➔ 아름다움 표현하기 ➔ 미술활동으로 표현하기
  호일을 이용해 달을 꾸며 볼 수 있다.

활동자료 :

- 《아빠, 달님을 따 주세요》 그림책
- 검정 도화지, 바닐라시, 호일, 가위, 스카치테이프, 색연필

활동방법 :

그림책 열기

1. 《아빠, 달님을 따 주세요》 표지를 보며 이야기 나눈다.
   - '달 달 무슨 달' 노래로 주의를 집중시킨다.
   - 달을 본 적이 있나요? 무슨 모양이었어요?
   - 달은 낮과 밤 중 언제 볼 수 있나요?
   - 달님에 사다리가 세워져 있는 이유는 무엇일까요?
2. ('월광 소나타'를 배경음악으로 틀고) 그림책을 읽는다.

그림책 펼치기

3. 그림책을 회상해 본다.
   - 여자 아이는 아빠한테 무엇을 따 달라고 했어요?
   - 아빠는 달에게 어떻게 갈 수 있었을까요?
   - 달이 아빠에게 큰 달을 어떻게 가져갈 수 있다고 했지요?
   - 집에 가져온 달은 점점 작아지더니 어떻게 되었나요?
4. 달의 변화과정에 대해 이야기를 나눈다.
   - 밤하늘에서 본 달의 모양을 각자 몸으로 표현해 본다.

   - 달의 모양이 바뀌는 이유는 무엇일까요?
   - 달의 변화과정을 살펴본다.

5. 마닐라지와 호일을 이용해 달을 만든다.
   - 마닐라지에 원하는 달의 모양을 그려 오린 후 호일로 감싼다.
   - 풀이나 스카치테이프를 이용해 호일로 싼 달을 검정도화지에 붙이고, 배경을 꾸민다.

그림책 나오기

6. 완성된 작품을 전시하여 친구들과 함께 감상한다.

그림책 표상 활동

년 월 일

- 그림책을 통해 보름달, 상현달, 반달, 하현달 등 여러 가지 달을 보았죠? 밤하늘의 달이 어떤 모양으로 변해 가는지 그려 보세요.

♠달의 변화되는 모양을 그려 보세요.

12

겨울과 놀이

활동주제 : 겨울과 놀이 – 겨울 풍경

그 림 책 : 우리끼리 가자

《우리끼리 가자》 | 윤구병(글), 이태수(그림) | 보리

동물마을에 겨울이 왔답니다.
아기토끼는 동물들을 불러 모아
산양 할아버지한테 이야기를 들으러 갑니다.
곰, 노루 등이 따라 나서지만
도중에 헤어지고 마는데요.
들짐승들은 추운 겨울을 숲속에서 어떻게 지낼까요?

주제 통합 활동

≪우리끼리 가자≫ 수제 통합 활동

의사소통

- 동물들의 겨울 준비 책 만들기
- 반복되는 문장 따라 말해 보고 써 보기

사회관계

- 겨울풍경 사진 찍어 친구들에게 이야기해 주기
- 친구가 걸어간 눈길 따라 걸어 보기

신체운동 · 건강

- 겨울잠 자는 동물되어 집 구성하기

자연탐구

- 겨울잠 자는 동물의 겨울나기 방법 알아보기

예술경험

- 겨울풍경 꾸며 보기★
- 겨울풍경 관련 명화 감상하기

활동명 : 겨울 풍경 꾸미기

활동목표 :

- 자연탐구 ➔ 과학적 탐구하기 ➔ 자연현상 알아보기
  겨울의 변화와 특징에 대해 알 수 있다.
- 예술경험 ➔ 아름다움 표현하기 ➔ 미술활동으로 표현하기
  눈결정체 모양을 이용하여 겨울의 풍경을 꾸며 본다.

활동자료 :

- 《우리끼리 가자》 그림책
- 검정 도화지, 눈결정체 모양 펀치, 반짝이 종이, 면봉, 솜공, 오공본드

활동방법 :

그림책 열기

1. 《우리끼리 가자》 표지를 보며 이야기 나눈다.
   - 사계절 중 어떤 계절인 것 같아요?
   - 왜 겨울이라고 생각했어요?
   - 동물들이 모여서 무슨 이야기를 하고 있는 걸까요?
2. 그림책을 읽는다.

그림책 펼치기

3. 그림책을 회상해 본다.
   - 동물 친구들은 산양 할아버지한테 왜 갔을까요?
   - 곰은 가다가 왜 나무 구멍으로 들어갔을까요?
   - 아기 다람쥐는 왜 떡갈나무 위로 올라갔어요?
   - 산양 할아버지한테 함께 간 동물들은 누구누구였어요?
4. 겨울의 특징에 대해 이야기를 나눈다.
   - 겨울에는 어떤 변화가 있어요?
   - 눈을 본 적이 있나요? 눈결정체는 어떤 모양일까요?

5. 다양한 눈결정체 모양을 관찰한다.

6. 여러 가지 재료로 겨울 풍경을 꾸민다.

그림책 니오기

7. 완성된 작품을 전시하여 친구들과 함께 감상한다.

그림책 표상 활동

년 월 일

• 겨울 숲속에는 어떤 동물들이 겨울잠을 자고 있을까요? 겨울잠을 자는 동물들을 차례대로 말해 보고 그려 보세요.

활동주제 : 겨울과 놀이 – 신나는 겨울놀이
그 림 책 : 썰매 타는 암소 무

《썰매 타는 암소 무》 | 비스란데르(글), 로르드퀴비스트(그림) | 사계절

외양간 창가에 서서
아이들이 신나게 썰매를 타고 있는 모습을 본 암소 무는
자기도 썰매가 타고 싶어졌답니다.
암소 무는 까마귀 깜돌이에게 썰매 타는 법을 가르쳐 달라고 조릅니다.
깜돌이는 잘난 체하면서도 암소의 부탁을 들어 주지요.
제각기 신나게 썰매를 타던 암소 무와 깜돌이는
어떻게 되었을까요?

주제 통합 활동

≪썰매 타는 암소 무≫ 주제 통합 활동

의사소통

- 겨울 놀이 책 만들기
- 내가 해본 겨울 놀이 이야기해 보기

사회관계

- 다른 나라의 겨울 놀이 알아보기
- 친구와 협동하여 썰매 타기

신체운동 · 건강

- 신나는 겨울 놀이★ (이불, 비닐봉투, 플라스틱 빨래판, 세숫대야 등)

예술경험

- 비닐포대 썰매 꾸며 보기

자연탐구

- 무게가 다른 물건을 눈밭 위에 떨어뜨려 보기

활동명 : 신나는 겨울놀이

활동목표 :

- 신체운동 · 건강 ➔ 신체활동에 참여하기 ➔ 기구를 이용하여 신체활동에 참여하기
  기구를 이용하여 썰매 타기를 해 본다.
- 의사소통 ➔ 말하기 ➔ 느낌, 생각, 경험 말하기
  겨울에 해 보았던 놀이에 대해 이야기해 본다.

활동자료 :

- 《썰매 타는 암소 무》 그림책
- 썰매, 방석 또는 담요

활동방법 :

그림책 열기

1. 《썰매 타는 암소 무》 표지를 보며 이야기 나눈다.
   - 오늘 날씨가 어땠어요?
   - 눈이 오면 할 수 있는 놀이에는 무엇이 있을까요?
   - 겨울에 썰매를 타 보았던 경험이 있나요?
   - 썰매 타는 암소 무처럼 흉내내 볼까요?

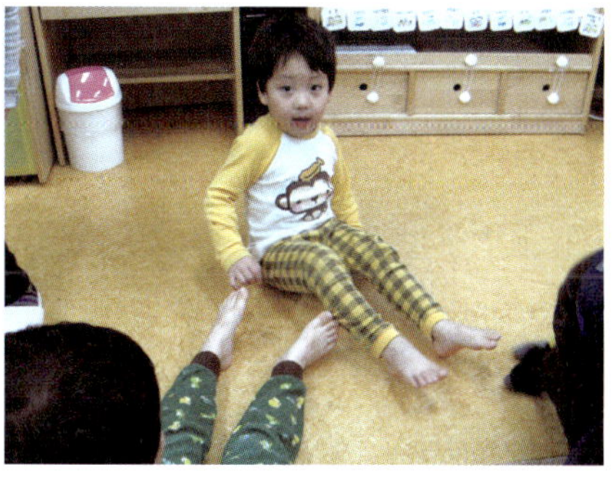

2. 그림책을 읽는다.

그림책 펼치기

3. 그림책을 회상해 본다.
   - 철새들은 겨울이 되면 따뜻한 나라로 떠나는데 왜 깜돌이는 떠나지 않았을까요?
   - 깜돌이는 어떤 방법으로 썰매를 탔나요?
4. 친구들과 썰매 타기를 할 때 지켜야 할 약속을 정한다.
   - 밀지 않기
   - 친구가 미끄럼틀에 타면 출발하기
   - 차례 지키기
5. 짝을 정한 후 친구들과 썰매 타기를 해 본다.
   - 어떤 방법으로 썰매 타기 놀이를 할 것인지 이야기를 나눈 후, 썰매 타기를 한다.

그림책 나오기

6. 친구들과 함께 썰매 타기 놀이를 해 본 느낌에 대해 이야기를 나누어 본다.

그림책 표상 활동

년 월 일

• 그림책에서 암소 무의 썰매 타는 모습을 재미있게 보았나요? 썰매 타기 외에 겨울에 할 수 있는 놀이에는 무엇이 있을까요? 여러분이 즐겁게 놀았던 겨울놀이를 그려 보고 놀이 이름도 적어 보세요.

겨울놀이 그림	
이름	
겨울놀이 그림	
이름	

눈사람

스키

스케이트

활동주제 : 겨울과 놀이 – 건강한 겨울나기

그 림 책 : 손 큰 할머니의 만두 만들기

《손 큰 할머니의 만두 만들기》 | 채인선(글), 이억배(그림) | 재미마주

무엇이든지 엄청 크게 만드는 손 큰 할머니가
숲속 동물들과 함께 매년 새해가 되면
엄청 많은 양의 만두를 만듭니다.
올해도 할머니는 며칠 밤을 새우며 동물들과 만두를 빚는데
좀처럼 일이 줄어들지 않자
동물들이 불평을 하기 시작하는데요.
좋은 방법이 없을까요?

주제 통합 활동

≪손 큰 할머니의 만두 만들기≫ 주제 통합 활동

의사소통

- 겨울을 따뜻하게 보낼 수 있는 방법 이야기해 보기

사회관계

- 만두 만들어서 친구 또는 이웃과 나누기
- 우리나라 전통음식에 관심 갖고 알아보기★

신체운동 · 건강

- 밀가루 점토로 여러 가지 모양 만두 만들기
- 커다란 보자기 이용하여 친구와 협동하여 만두 만들기

자연탐구

- 세계 여러 나라의 새해 음식 알아보기

예술경험

- 솜과 솜공 등을 이용하여 따뜻한 겨울 옷차림 꾸미기

활동명 : 만두 만들기

활동목표 :

- 신체운동 · 건강 ➔ 건강하게 생활하기 ➔ 바른 식생활하기
  음식을 소중히 여기는 마음을 갖는다.
- 사회관계 ➔ 사회 현상에 관심 갖기 ➔ 우리나라에 관심 갖고 이해하기
  우리나라의 전통음식에 대해 알 수 있다.

활동자료 :

- 《손 큰 할머니의 만두 만들기》 그림책
- 만두 만들 재료(만두소, 만두피, 숟가락, 물), 무지개 천

활동방법 :

그림책 열기

1. 《손 큰 할머니의 만두 만들기》 표지를 보며 이야기 나눈다.
   - 할머니와 동물들이 무엇을 하고 있는 것 같아요?
   - 만두를 가지고 유아들에게 수수께끼를 낸다.
2. 그림책을 읽는다.

그림책 펼치기

3. 그림책을 회상해 본다.
   - 할머니는 언제 만두를 만드셨어요?
   - 만두를 만드시는 할머니의 기분은 어땠을까요?
4. 우리나라 각 명절과 절기 음식에 대해 알아본다.
   - 설날 : 떡국, 추석 : 송편, 동짓날: 팥죽, 정월대보름 : 오곡밥과 나물
5. 유아들에게 만두 재료와 만드는 방법을 소개한다.
6. 유아가 직접 만두를 만들어 본다.

7. 무지개 천에 유아가 좋아하는 장난감을 넣고 큰 만두를 만들어 본다.

그림책 나오기

8. 직접 만든 만두를 먹어보고, 그 맛에 대한 느낌을 표현해 본다.

그림책 표상 활동

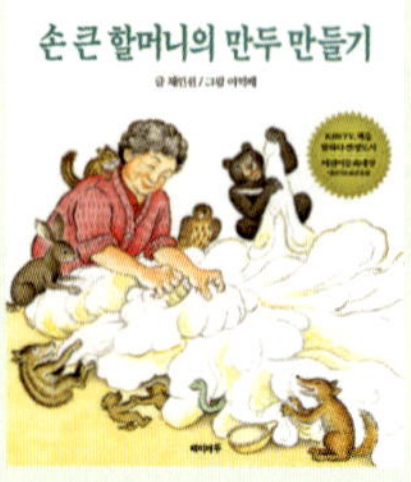

년　　월　　일

• 할머니가 커다란 만두를 만드셨던 것처럼 여러분만의 만두를 꾸며 보세요.

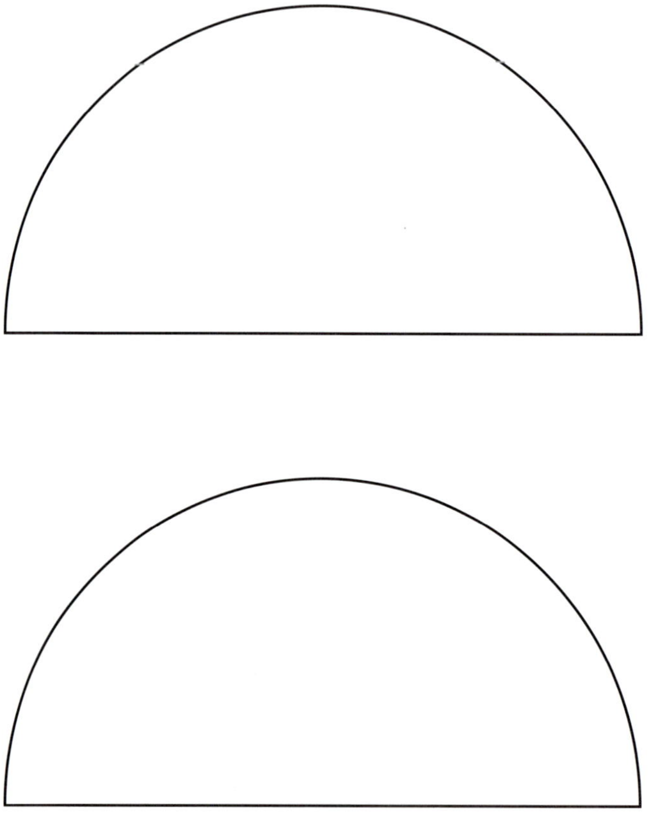

활동주제 : 겨울과 놀이 – 감사와 사랑을 나눠요
그 림 책 : 할머니의 수프

《할머니의 수프》 | 하야시바라 다마에(글), 미즈노 지로(그림) | 문학동네어린이

하얀 눈이 내리는 크리스마스 날 밤이었어요.
할머니는 조그만 냄비에 야채수프를 끓였어요.
딸그락딸그락, 맛있는 냄새가 솔솔.
어느새 숲속 동물들이 하나둘 모여 들었어요.
저렇게 많은 동물들이 어떻게 다 먹을 수 있을까요?
하지만 괜찮아요.
할머니의 수프는 마술같이 신기한 수프니까요.

주제 통합 활동

《할머니의 수프》 주제 통합 활동

의사소통

- 할머니가 해주신 음식에 대해 이야기해 보기
- 따뜻한 음식가게 간판과 메뉴판 만들어 보기

사회관계

- 따뜻한 음식가게 역할 놀이해 보기
- 함께 나눌 수 있어요

신체운동 · 건강

- 색깔 밀가루 점토로 음식 만들어 보기

예술경험

- 추운 겨울 날씨 느끼며 눈 오는 풍경 감상하기

자연탐구

- 음식그림 조각으로 숫자대로 나누어 보기★
- 따뜻하게 지내기 위해서 필요한 물건 찾아보기

활동명 : 함께 나눌 수 있어요

활동목표 :

- 자연탐구 ➔ 수학적 탐구하기 ➔ 수와 연산의 기초개념 알아보기
  1 : 1 대응의 개념을 알 수 있다.
- 사회관계 ➔ 더불어 생활하기 ➔ 공동체에서 화목하게 지내기
  서로 나누는 것에 대한 소중함을 알 수 있다.

활동자료 :

- 《할머니의 수프》 그림책
- 조각 피자와 수프 사진 자료, 끓인 수프, 간식 그릇과 숟가락

활동방법 :

그림책 열기

1. 《할머니의 수프》 표지를 보며 이야기 나눈다.
   - 할머니가 동물 친구들에게 나누어 준 것은 무엇일까요?
   - 우리 친구들은 수프를 먹어본 적 있나요?
   - 수프는 어떤 맛이에요?
   - 수프를 먹으면 어떤 느낌이 들어요?
2. 그림책을 읽는다.

그림책 펼치기

3. 그림책을 회상해 본다.
   - 할머니는 크리스마스 날에 어떤 음식을 만드셨나요?
   - 동물 친구들은 수프에서 어떤 냄새가 난다고 했나요?
   - 할머니는 수프를 어떤 동물 친구들과 나누어 먹었나요?
4. 그림 자료로 수프와 피자를 나누어 본다.
   - 1 : 1 대응 개념을 알 수 있도록 유아들이 나와서 수프와 피자 조각을 나누어 융판에 붙여본다.

- 우리반 친구들에게 피자를 나누어 주려면 몇 조각의 피자가 필요할까요?

5. 친구들 수만큼 수프를 나누어 함께 먹는다.
   - 수프 냄새를 맡아보고, 겨울 음식의 따뜻함을 느껴본다.

그림책 나오기

6. 친구들과 함께 수프를 나누어 먹어 본 느낌에 대해 이야기해 본다.

그림책 표상 활동

년　월　일

• 할머니 댁에 수프를 먹으러 온 동물이 많이 모였네요.
수프는 모두 몇 그릇이 있어야 할지 그릇을 색칠하고 수프의 수를 세어 숫자로 써 보세요.

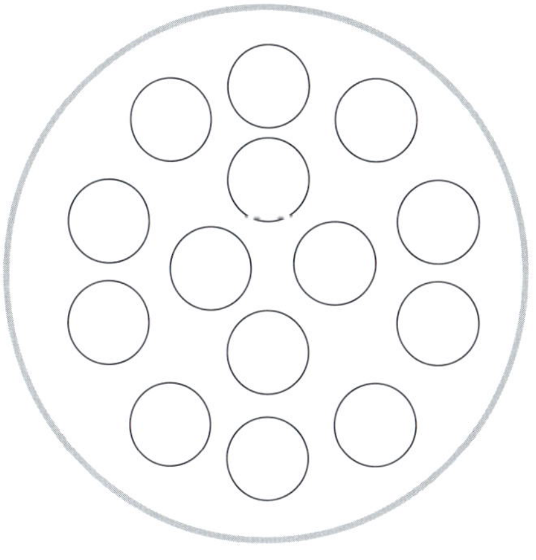

♠ 필요한 수프의 수는

____________________ 개입니다.

13

생활도구

활동주제 : 생활도구 – 다양한 생활도구

그 림 책 : 파란 의자

《파란 의자》 | 클로드 부종(글 · 그림) | 비룡소

에스카르빌과 샤부도는 사막을 걷다가
파란 의자를 발견하게 됩니다.
어른이라면 의자는 앉는 것이라고 단순하게 생각하겠지만
이 두 아이는 그렇지 않았죠.
샤부도는 의자 밑에 들어가 웅크리고 앉아 있기도 하고
에스카르빌은 개 썰매, 불자동차, 구급차, 경주용 자동차, 헬리콥터, 비행기 등
파란 의자를 계속해서 멋지게 변신시키며 즐거워합니다.
파란의자가 또 다른 무엇으로 바뀔 수 있을까요?

주제 통합 활동

≪파란 의자≫ 주제 통합 활동

의사소통

- 나에게 꼭 필요한 생활도구 그림 붙여 단어책 만들기

사회관계

- 여러 개의 의자로 친구와 함께 구성해 보기
- 만약에 의자가 없다면…

신체운동 · 건강

- 의자를 이용하여 장애물 돌아오기 게임해 보기
- 의자와 놀잇감을 이용하여 놀이하기★

자연탐구

- 우리 집에 있는 가구 살펴보고 이름 알아보기

예술경험

- 잡지에서 의자 그림 오려 붙여 집 꾸며 보기

활동명 : 함께 나눌 수 있어요

활동목표 :

- 자연탐구 ➔ 과학적 탐구하기 ➔ 간단한 도구와 기계 활용하기
  주변의 생활도구를 탐색하고 다양하게 활용해 볼 수 있다.
- 신체운동 · 건강 ➔ 신체활동에 참여하기 ➔ 기구를 이용하여 신체활동하기
  생활 주변의 도구를 활용해 다양한 신체활동을 해 본다.

활동자료 :

- 《파란 의자》 그림책
- 의자, 교실에 있는 다양한 생활도구

활동방법 :

그림책 열기

1. '의자'에 대한 수수께끼를 낸다.
   - 딱딱한 것도 있고, 푹신푹신한 것도 있어요.
   - 여러 가지 모양이 있어요.
   - 우리교실에 있는 것은 딱딱하고 네모난 모양이에요.
   - 책상과 짝꿍이고, 앉을 수 있어요.
   - 나는 무엇일까요?
2. 《파란 의자》 표지를 보며 의자를 사용할 수 있는 다양한 방법에 대해 이야기를 나누어 본다.

그림책 펼치기

3. 그림책을 회상해 본다.
   - 의자를 가지고 책 속의 주인공들은 어떤 일(놀이)들을 했어요?
   - 의자를 가지고 할 수 있는 또 다른 놀이에는 무엇이 있을까요?
   - 의자 대신 사용할 수 있는 도구에는 무엇이 있을까요?

4. 교실에서 사용해 보고 싶은 도구를 하나씩 찾아서 다양한 방법으로 활용해 본다.

그림책 나오기

5. 친구들의 생활도구 활용 방법을 모아 놀이 활동으로 확장한다.

그림책 표상 활동

년 월 일

• 우리 집, 어린이집 어디에서도 볼 수 있는 편리한 의자!
의자를 이용해 어떤 놀이를 할 수 있을까요?

활동주제 : 생활도구 – 생활도구를 움직이는 힘
그 림 책 : 굴러라 바퀴야

《굴러라 바퀴야》 | 조명제(글), 문철(그림) | 보림

꼬마 뱀과 동물들의 모습을 보며 무엇이 생각났나요?
동글동글 바퀴의 원리와 쓰임새를
자연스럽게 알게 되는 그림책이랍니다.
둥근 모양의 바퀴는 돌아가면서
다른 물건들을 움직이게 할 수도 있답니다.
우리 주위에서 볼 수 있는 바퀴는
어떤 것들이 있는지 찾아볼까요?

주제 통합 활동

≪굴러라 바퀴야≫ 주제 통합 활동

의사소통
- 나만의 바퀴 단어책 만들어 보기

사회관계
- 만약에 바퀴가 네모 모양이나 세모 모양이라면…

신체운동 · 건강
- 바퀴처럼 움직여 보기★
- 굴렁쇠 굴려 보기

예술경험
- 폐품을 이용하여 굴러가는 물건 만들어 보기

자연탐구
- 주변에서 볼 수 있는 바퀴 찾아보기
- 내가 만든 자동차

활동명 : 내가 만든 자동차

활동목표 :

- 자연탐구 ➔ 과학적 탐구하기 ➔ 간단한 도구와 기계 활용하기
  바퀴의 용도와 다양한 쓰임에 대해 알 수 있다.
- 신체운동 · 건강 ➔ 신체조절과 기본운동하기 ➔ 신체 조절하기
  몸을 동그랗게 말아 바퀴처럼 굴러 본다.

활동자료 :

- 《굴러라 바퀴야》 그림책
- ○, △, □ 블록, 경사면, 자동사 모형

활동방법 :

그림책 열기

1. 《굴러라 바퀴야》 표지를 보며 이야기 나눈다.
   - 어떤 그림이 있어요?
   - 뱀은 몸으로 어떤 모양을 하고 있어요?
   - 뱀이 왜 몸을 동그랗게 말았을까요?
2. 그림책의 제목을 유추해 보고 읽는다.

그림책 펼치기

3. 그림책을 회상해 본다.
   - 겨울잠에서 깨어난 꼬미는 어떤 생활도구들을 보았나요?
   - 생활도구들은 모두 어떤 모양이있어요?
   - 왜 모두 동그란 모양일까요?
   - 굴렁쇠를 굴리는 수탉을 보고 꼬미는 무슨 생각을 했어요?
   - 다리를 다친 사슴을 꼬미는 마을로 어떻게 데리고 갔나요?
   - 왜 수레바퀴가 되어 움직이려고 했을까요?
4. 경사면에서 모양 블록(원기둥, 구, 삼각기둥, 사각기둥)을 가지고 가장 잘 굴러가

는 모양을 찾아보고, 왜 그런지에 대해 알아본다.

5. 그럼 우리 몸을 잘 굴러가게 할 수 있는 방법에는 무엇이 있을까요?
- 몸을 동그랗게 말아서 구르기를 해본다.

6. 무동력 자동차 만들기 재료를 이용해 각자 창의적인 자동차 만들기를 한다.

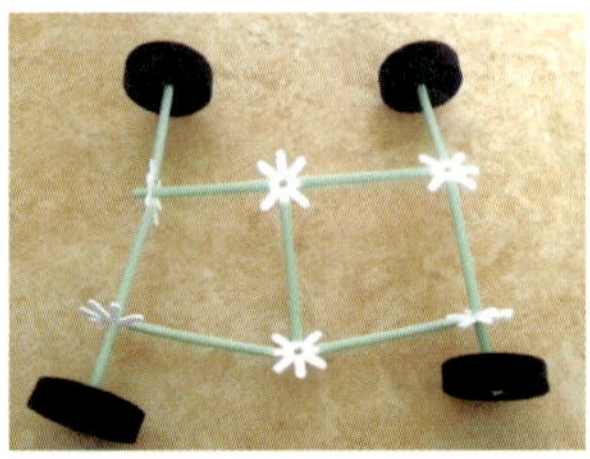

그림책 나오기

7. 각자 만든 자동차를 가지고 함께 자동차 경주를 해본다.

그림책 표상 활동

년 월 일

- 만약 바퀴가 △, ☆이라면 어떤 일이 생길까요? 친구와 함께 이야기 나누어 보세요.

① ______________________________

② ______________________________

③ ______________________________

활동주제 : 생활도구 – 미래의 생활도구

그 림 책 : 마술 연필을 가진 꼬마 곰의 모험

《마술 연필을 가진 꼬마 곰의 모험》 | 앤서니 브라운(글 · 그림) | 현북스

마술 연필을 가진 꼬마 곰이 숲 속을 산책하고 있습니다.

그러던 중에 꼬마 곰이

배고픈 늑대를 만나기도 하고

커다란 거인, 무서운 마녀를 만나게 되는데

그럴 때마다 마술 연필이 꼬마 곰을 도와줍니다.

꼬마 곰이 어떤 것을 그려서

위기를 벗어나게 되는지 찾아보세요.

만약 마술 연필이 있다면

무엇을 그리고 싶은지 생각해 보세요.

주제 통합 활동

≪마술 연필을 가진 꼬마 곰의 모험≫ 주제 통합 활동

의사소통

- 꼬마 곰의 마술 연필로 그리고 싶은 것 이야기해 보기

사회관계

- 우리 엄마, 아빠에게 필요한 미래의 생활도구가 있다면…

신체운동 · 건강

- 블록으로 미래의 우리집 구성해 보기

자연탐구

- 풍선로켓 만들기
- 발명하고 싶은 물건 구상해 보기

예술경험

- 미래에 있으면 좋을 것 같은 물건 그려보고 폐품으로 만들어 보기★

활동명 : 나는야 발명왕

활동목표 :

- 예술경험 ➔ 아름다움 표현하기 ➔ 미술활동으로 표현하기
  자신이 생각하는 미래의 생활도구를 그림으로 표현해 볼 수 있다.
- 자연탐구 ➔ 과학적 탐구하기 ➔ 간단한 도구와 기계 활용하기
  주변의 생활도구를 탐색하고 미래의 생활도구로 바꾸어 본다.

활동자료 :

- 《마술 연필을 가진 꼬마 곰의 모험》 그림책
- 도화지, 색연필, 사인펜

활동방법 :

그림책 열기

1. 《마술 연필을 가진 꼬마 곰의 모험》 표지를 보며 이야기 나눈다.
   - 꼬마 곰이 손에 무엇을 들고 있어요?
   - 꼬마 곰은 연필로 무엇을 할까요?
   - 그 연필은 마술 연필이래요. 어떤 마술을 부리는 연필일까요?
2. 그림책을 읽는다.

그림책 펼치기

3. 그림책을 회상해 본다.
   - 꼬마 곰은 마술 연필로 늑대, 거인, 무서운 마녀, 곰 세 마리 가족을 만났을 때 각각 무엇을 그렸나요?
   - 꼬마 곰의 마술 연필이 있다면 우리 친구들은 무엇을 그려 보고 싶나요?
   - 또 다른 방법으로 마술 연필을 어떻게 사용해 볼 수 있을까요?
4. 교실에 있는 도구 중에서 유아가 원하는 도구를 선택해 미래도구로 바꾸어 본다.
   - 예를 들어 설명해 준다.

- 연필 + 지우개 = 지우개 달린 연필
- 운동화 + 바퀴 = 롤러블레이드

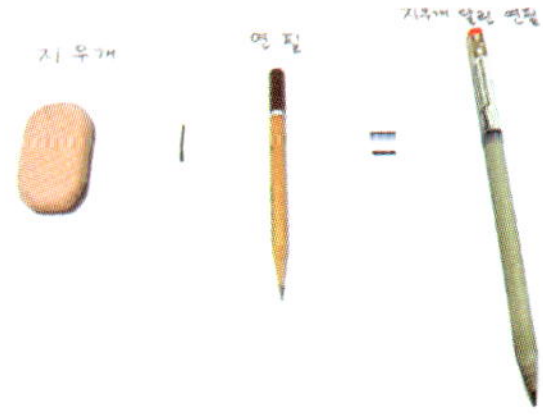

• 설명을 듣고 유아들이 사용하는 생활도구 중에서 한 가지를 선택해 미래의 도구로 바꾸어 본다.

그림책 나오기

5. 자신이 발명한 아이디어를 친구들에게 발표해 본다.

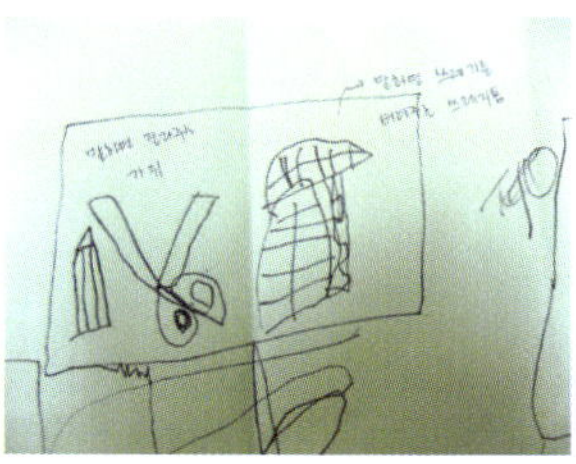

그림책 표상 활동

년 월 일

• 꼬마 곰이 가지고 있는 마술 연필을 여러분이 가지고 있다면 정말 신나겠죠? 만약에 여러분에게 마술 연필이 생긴다면 무엇을 그리고 싶은지 생각해 보고 그려 보세요.

14

형님이 되어요

활동주제 : 형님이 되어요 – 많이 컸어요

그 림 책 : 조각이불

《조각이불》 | 앤 조나스(글 · 그림) | 비룡소

아이는 어린 시절의 추억이 배어 있는 헌옷으로
조각이불을 만들었답니다.
그 이불을 덮고 잔 그날 밤,
아이는 환상 속의 세계를 여행하게 되지요.
아이는 이불을 이루고 있는 조각 하나하나를 짚어가며
어렸을 때의 기억을 떠올리게 됩니다.
조각이불을 덮고 자면서 어떤 꿈을 꾸고 싶은지 생각해 보세요.

주제 통합 활동

≪조각이불≫ 주제 통합 활동

의사소통

- 엄마, 아빠가 나를 위해 만들어 주신 물건 이야기 해보기★

사회관계

- 어릴 때 좋아했던 장난감 친구에게 소개하기

신체운동 · 건강

- 같은 무늬 판 찾기 게임

예술경험

- 다양한 무늬 색종이로 이불 만들기

자연탐구

- 어릴 때 덮었던 이불과 지금의 이불 크기 비교해 보기

활동명 : 이만큼 컸어요

활동목표 :

- 의사소통 → 말하기 → 느낌, 생각, 경험 말하기
  한 해를 돌아보고, 기억에 남는 추억을 이야기해 볼 수 있다.
- 예술경험 → 아름다움 표현하기 → 미술활동으로 표현하기
  어린이집에서 찍은 사진을 이용해 추억의 조각이불을 만들어 볼 수 있다.

활동자료 :

- 《조각이불》 그림책
- 어린이집 교실환경 사진, 전지 사이즈 색상지, 색종이, 색테이프, 줄자

활동방법 :

그림책 열기

1. 《조각이불》 표지를 보며 이야기 나눈다.
   - 주인공이 무엇을 하고 있는 것 같아요?
   - 주인공의 이불을 보니 어떤 느낌이 들어요?
   - 조각이불은 어떤 의미일까요?
2. 그림책을 읽는다.

그림책 펼치기

3. 그림책을 회상해 본다.
   - 주인공의 이불은 무엇을 모아 만들었어요?
   - 주인공은 이불이 마치 무엇과 같다고 했나요?
   - 주인공은 샐리를 찾기 위해 마을 어디어디를 다녔어요?
   - 나의 조각이불에는 어떤 추억을 넣으면 좋을까요?
4. 나만의 조각이불을 만든다.
   - 학기 초에 잰 각 유아들의 키를 전지에 테이프로 붙여 놓는다.
   - 현재의 키를 테이프로 붙인다.

- 조각이불을 만드는 방법과 재료를 설명한다.

- 어린이집 교실환경 사진과 색종이 등을 오려 각자 자신만의 추억을 모아 조각이불을 꾸민다.

그림책 나오기

5. 각자 만든 자신의 조각이불을 친구들에게 보여 주며 추억을 소개해 본다.

그림책 표상 활동

년 월 일

- 그림책 속의 친구는 엄마, 아빠가 만들어 주신 조각이불을 갖고 있지요. 그림 아래의 이불을 여러분만의 추억을 모아 조각이불로 꾸며 보세요.

활동주제 : 형님이 되어요 – 동생들에게 알려 주어요
그 림 책 : 피터의 의자

《피터의 의자》 | 에즈러 잭 키츠(글 · 그림) | 시공주니어

피터는 시끄럽게 논다고
엄마에게 꾸지람을 듣습니다.
그 이유는 동생 수지가 잠들어 있기 때문이지요.
심통 난 피터를 부른 아빠는 동생 식탁 의자를 만든다며,
피터의 식탁 의자를 분홍색으로 색칠합니다.
더욱 더 화가 난 피터는
자신의 의자를 발견하게 되는데
피터는 더 이상 작은 의자에 앉을 수 없다는 것을 알게 되지요.
피터의 마음은 어땠을까요?

주제 통합 활동

≪피터의 의자≫ 주제 통합 활동

의사소통

- 동생에게 편지 쓰기
- 나의 어릴 적 이야기 들어 보기

사회관계

- 나에게 작아진 물건 동생에게 물려주기★
- 동생에게 책 읽어 주기

신체운동 · 건강

- 블록으로 가족 의자 구성하기

자연탐구

- 내 물건과 아기 물건 분류하기

예술경험

- 동생에게 줄 선물 만들기
- '내 동생' 동요 부르기

활동명 : 동생들에게 줄 거예요

활동목표 :

- 사회관계 ➔ 다른 사람과 더불어 생활하기 ➔ 공동체에서 화목하게 지내기
  소중한 것을 주변 사람들과 함께 나눌 수 있다.
- 의사소통 ➔ 쓰기 ➔ 쓰기에 관심 가지기
  동생들에게 사랑이 담긴 편지를 쓸 수 있다.

활동자료 :

- 《피터의 의자》 그림책
- 집에서 가져온 유아가 사용하던 물건, 편지지, 사인펜, 색연필

활동방법 :

그림책 열기

1. 《피터의 의자》 표지를 보며 이야기 나눈다.
   - 주인공은 무엇을 바라보고 있는 것 같아요?
   - 왜 의자를 바라보고 있을까요?
   - 의자를 바라보고 있는 주인공은 무슨 생각을 하고 있을까요?
2. 그림책을 읽는다.

그림책 펼치기

3. 그림책을 회상해 본다.
   - 피터가 사용하던 물건 중 동생에게 물려준 것은 무엇무엇이 있었나요?
   - 피터는 무엇을 가지고 도망가려고 했어요?
   - 의자랑 장난감 악어, 아기였을 때 찍은 사진을 가지고 도망가려던 피터는 왜 의자를 동생에게 물려줄 생각을 하게 됐을까요?
4. 자신이 사용하던 물건 중 작아서 사용하지 못하는 물건들을 동생들에게 물려 준다.
   - 동생들에게 하고 싶은 이야기를 편지로 쓴다.

• 동생들 교실에 가서 자신이 어렸을 때 사용하던 물건을 동생들에게 선물해 준다.

그림책 나오기

5. 동생들에게 자신이 사용하던 물건을 전해준 느낌이 어떤지 나눔의 느낌에 대해 이야기를 나누어 본다.

그림책 표상 활동

년 월 일

- 책에서 나온 단어를 이용하여 이행시를 지어 보세요.

동생으로 이행시 지어 보기	
동	
생	

피터로 이행시 지어 보기	
피	
터	

○○으로 이행시 지어 보기	

활동주제 : 형님이 되어요 – 형님이 될 준비를 해요

그 림 책 : 난 뭐든지 혼자 할 수 있어

《난 뭐든지 혼자 할 수 있어》 | 로렌 차일드(글 · 그림) | 국민서관

찰리는 오빠고, 롤라는 동생이랍니다.
동생인 롤라는 뭐든지 혼자 할 수 있다고 고집을 부립니다.
찰리가 도와주려 하면, 롤라는 화를 내며 싫어하죠.
롤라는 언제나 이렇게 말해요.
"오빠! 난 뭐든지 혼자 할 수 있거든?"
찰리는 어떤 방법으로 롤라를 설득할 수 있을까요?

주제 통합 활동

≪난 뭐든지 혼자 할 수 있어≫ 주제 통합 활동

의사소통
- 혼자 할 수 있는 일 말해 보기★

사회관계
- 도움이 필요한 일 알아보기
- 엄마 · 아빠 도와드리기

신체운동 · 건강
- 친구와 함께 시소 타기
- 지퍼 올리기, 단추 잠그기 혼자서 해보기

예술경험
- 혼자 할 수 있는 일 그리기

자연탐구
- 놀이터에서 혼자 탈 수 있는 것과 함께 타야 하는 놀이기구 알아보기

활동명 : 혼자 할 수 있어요

활동목표 :

- 의사소통 ➔ 말하기 ➔ 느낌, 생각, 경험 말하기
  혼자 힘으로 할 수 있는 일들을 말해 볼 수 있다.
- 사회관계 ➔ 더불어 생활하기 ➔ 사회적 가치를 알고 지키기
  혼자 할 수 있는 일과 함께 해야 하는 일에 대해 알 수 있다.

활동자료 :

- 《난 뭐든지 혼자 할 수 있어》 그림책
- 별 모양 포스트잇, 사인펜, 유아 얼굴 사진, 검정색 전지, 가위, 풀

활동방법 :

그림책 열기

1. 《난 뭐든지 혼자 할 수 있어》 표지를 보며 이야기 나눈다.
   - 혼자 무엇을 할 수 있다고 하는 걸까요?
   - 동생의 표정이 어떤 것 같아요?
2. 그림책을 읽는다.

그림책 펼치기

3. 그림책을 회상해 본다.
   - 롤라가 자주하는 말은 무엇이었나요?
   - 롤라는 사람들의 도움을 왜 싫어할까요?
   - 롤라는 혼자서 무엇을 할 수 있다고 했나요?
   - 롤라는 왜 무엇이든 혼자 하려고 하는 것일까요?
4. 유아들과 혼자 할 수 있는 일에는 무엇이 있는지 이야기 나누어 보고, 칠판에 받아 적는다.
   - 친구들이 혼자 힘으로 할 수 있는 일들에는 무엇이 있어요?

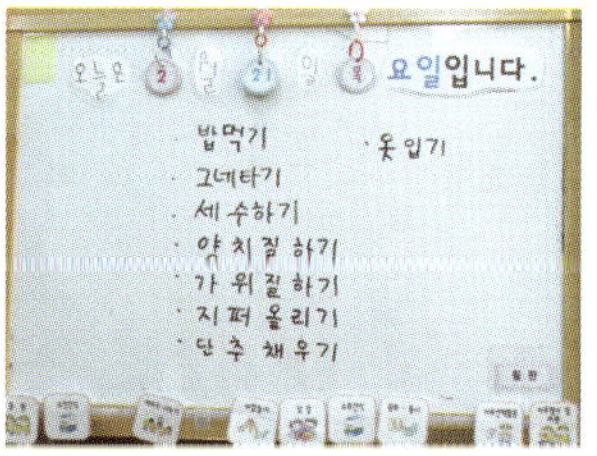

5. 별 모양 종이를 나누어 주고, 스스로 할 수 있는 일들을 적어 보도록 한다.

6. 스스로 할 수 있는 일을 적어 온 친구들은 자신의 사진을 붙이고 그 위에 할 수 있는 일 스티커를 붙일 수 있도록 한다.

그림책 나오기

7. 친구들과 함께 '난 뭐든 혼자 할 수 있어요'를 완성해 교실에 전시한다.

그림책 표상 활동

년 월 일

• 여러분이 혼자 할 수 있는 일에는 어떤 일들이 있는지 적어 보세요.

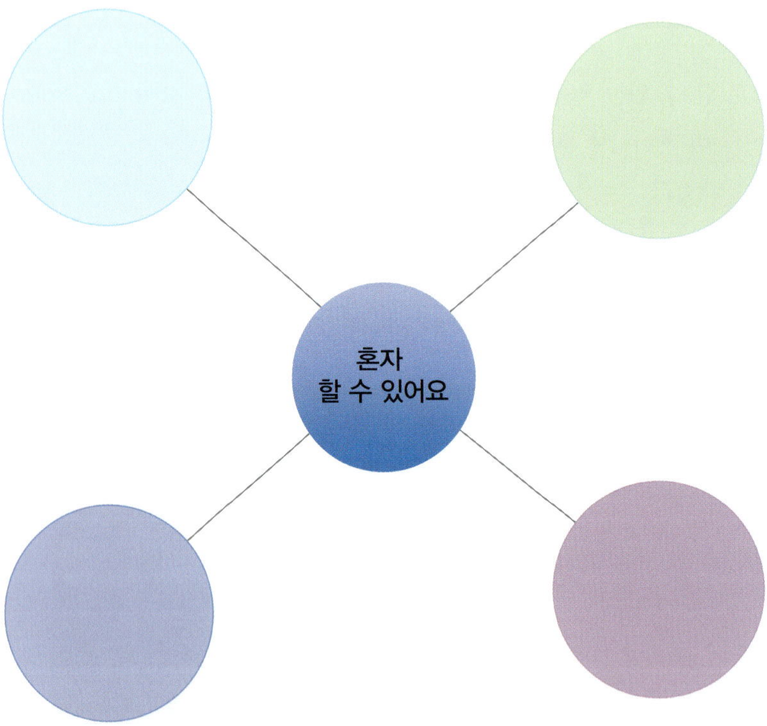

❖ 생활 주제에 따라 선정된 그림책

주 제	그림책	저 자	출판사
어린이집과 친구	유치원에 갈거야!	천미진(글), 이혜영(그림)	키즈엠
	야호! 오늘은 유치원 가는 날	염혜숙(글 · 그림)	비룡소
	마법사 유치원 선생님	고정욱(글), 김은경(그림)	여름숲
	유치원에 간 데이빗	데이빗 섀논(글 · 그림)	지경사
	유치원에 간 재키	아이하라 히로유키(글), 아다치 나미(그림)	꿈꾸는 달팽이
	마법의 유치원 버스	고정욱(글), 성은(그림)	여름숲
	유치원에 가면	김선영(글), 배현주(그림)	애플비
	유치원에 가기 싫어!	하세가와 요시후미(글 · 그림)	살림어린이
	엄마, 유치원에 또 갈래요!	줄리엣 불라르(글 · 그림)	주니어 김영사
	보리의 시끌벅적 유치원	김세실(글), 양송이(그림)	뜨인돌 어린이
	유치원엔 네가 가!	지우(글 · 그림)	어린이 작가정신
	고양이 스플랫은 유치원이 좋아!	롭 스코튼(글 · 그림)	살림어린이
	유치원에 처음 가는 날	코린 드레퓌스(글), 나탈리 슈(그림)	키다리
	유치원에 가는 날이에요	마가렛 와일드(글), 데이비드 레게(그림)	중앙출판
	구룬파 유치원	니시우치 미나미(글), 호리우치 세이치(그림)	한림
	괜찮아	최숙희(글 · 그림)	웅진주니어
	그건 내 조끼야	나카에 요시오(글), 우에노 노리코(그림)	비룡소
	내 거야	레오 리오니(글 · 그림)	마루벌
	내 귀는 짝짝이	히도 반 헤네흐텐(글), 기도 반 게네흐텐(그림)	웅진주니어
	내 친구 깡총이	에릭 로만(글 · 그림)	바다어린이
	둘이서 둘이서	김복태(글 · 그림)	보림
	새앙쥐와 태엽쥐	레오 리오니(글 · 그림)	마루벌
	우리 친구하자	쓰쓰이 요리코(글), 하야시 아키코(그림)	한림출판
	친구를 데려가도 될까요?	베아트리체 셍크 드 레그니에스(글), 베니 몽트레소(그림)	시공주니어
	레옹의 유치원 일기	세르쥬 블로쉬(글 · 그림)	크레용하우스
봄	씨앗은 무엇이 되고 싶을까?	김순한(글), 김인경(그림)	길벗어린이
	연못 이야기	조이스 시드먼(글), 베키 프랜지(그림)	웅진주니어
	딸기 한 포기	정유정(글 · 그림)	길벗어린이
	아기너구리네 봄맞이	권성생(글), 송진헌(그림)	길벗어린이
	송아지의 봄	고미 타로(글 · 그림)	비룡소
	생쥐와 딸기와 배고픈 큰 곰	돈 우드, 오드리 우드(글), 돈 우드(그림)	문진미디어
	엄마, 봄은 언제 오나요?	캐서린 월터스(글 · 그림)	예지현
	풀씨가 날아가요	카이 노부에(글 · 그림)	베틀북
	봄이 왔어요	찰스 기냐(글), 애그 자트코우스카(그림)	키즈엠
	봄이 준 선물	김하루(글), 권영묵(그림)	미래아이

봄	봄 숲 봄바람 소리	우종영(글), 레지나(그림)	파란자전거
	톡 씨앗이 터졌다	곤도 구미코(글 · 그림)	한울림
	나야, 제비야	이상대(글), 윤봉선(그림)	봄나무
	송송이와 돌돌이의 봄 졸려 졸려	이와무라 카즈오(글 · 그림)	아이세움
	봄맞이 대청소	코이데 탄(글), 코이데 야스코(그림)	한림출판
	사계절	존 버닝햄(글 · 그림)	시공주니어
	우리 순이 어디가니	윤구병(글), 이태수(그림)	보리
동식물과 자연	강아지 똥	권정생(글), 정승각(그림)	길벗어린이
	개구리가 알을 낳았어	이성실(글), 이태수(그림)	다섯수레
	개구리네 한솥밥	백석(글), 유애로(그림)	보림
	갯벌이 좋아요	유애로(글 · 그림)	보림
	나랑 같이 놀자	마리 홀 에츠(글 · 그림)	시공주니어
	누가 내 머리에 똥 쌌어?	베르너 홀츠바르트(글), 볼프 에를브루흐(그림)	사계절
	무지개 물고기	마르쿠스 피스터(글 · 그림)	시공주니어
	배고픈 애벌레	에릭 칼(글 · 그림)	더큰
	아기 오리들한테 길을 비켜 주세요	로버트 머클로스키(글 · 그림)	시공주니어
	나무	옐라 마리(그림)	시공주니어
	나무는 좋다	재니스 메이 우드리(글), 마르크 시몽(그림)	시공주니어
	행복한 의자나무	량 슈린(글 · 그림)	북뱅크
	씨앗의 여행	주디스 앤더슨(글), 마이크 고든(그림)	상상스쿨
	꽃이 좋아	조미자(글 · 그림)	미래아이
	이상한 자연사 박물관	에릭 로만(글 · 그림)	미래아이
	아주 작은 씨앗이 자라서	황보연(글), 이제호(그림)	웅진주니어
	숲 속에서	마리 홀 에츠(글 · 그림)	시공주니어
	괴물들이 사는 나라	모리스 샌닥(글 · 그림)	시공주니어
	곰 사냥을 떠나자	마이클 로젠(글), 헨린 옥슨버리(그림)	시공주니어
나와 가족	고릴라	앤서니 브라운(글 · 그림)	비룡소
	그래도 엄마는 너를 사랑한단다	이언 포크너(글 · 그림)	베틀북
	나는 사랑의 씨앗이에요	파스칼 퇴라드(글), 장 샤를 사라쟁(그림)	다섯수레
	내가 아빠를 얼마나 사랑하는지 아세요?	샘 맥브래트니(글), 아니타 제람(그림)	베틀북
	도깨비를 빨아버린 우리 엄마	사토 와키코(글 · 그림)	한림출판
	만희네 집	권윤덕(글 · 그림)	길벗어린이
	아빠랑 함께 피자놀이를	윌리엄 스타이그(글 · 그림)	보림
	엄마 마중	이태준(글), 김동성(그림)	한길사
	엄마가 알을 낳았대!	배빗 콜(글 · 그림)	보림
	우리 할아버지	존 버닝햄(글 · 그림)	비룡소
	소피가 화나면, 정말정말 화나면…	몰리 뱅(글 · 그림)	책읽는곰

나와 가족	꿈꾸는 윌리	앤서니 브라운(글 · 그림)	웅진주니어
	사랑해 사랑해 사랑해	버나뎃 로제티 슈스탁(글), 캐롤라인 제인 처치(그림)	보물창고
	외톨이가 된 꼬마 팀	에드워드 아디존(글 · 그림)	시공주니어
	어느 날 아침	로버트 맥클로스키(글 · 그림)	논장
	오늘은 무슨 옷을 입을까?	마거릿 초도스(글 · 그림)	베틀북
	바로 나처럼	마리 홀 에츠(글 · 그림)	비룡소
	세상에서 가장 큰 여자 아이 안젤리카	앤 이삭스(글), 폴 젤린스키(그림)	비룡소
	우산	야시마 타로(글 · 그림)	미래아이
	내 사랑 뿌뿌	케빈 헹크스(글 · 그림)	비룡소
	몸의 구석구석이 말하기를	고미 타로(글 · 그림)	한림
	네가 태어난 날엔 곰도 춤을 추었지	낸시 틸먼(글 · 그림)	내 인생의 책
	코끼리 아빠다	마이클 그레니엣(글 · 그림)	파랑새
	100층짜리 집	이와이 도시오(글 · 그림)	북뱅크
	바바빠빠	아니드 티종 탈루스 테일리(글 · 그림)	시공주니어
우리 동네	치과의사 드소토 선생님	윌리엄 스타이그(글 · 그림)	비룡소
	행복한 미술관	앤서니 브라운(글 · 그림)	웅진주니어
	우체부 아저씨와 비밀 편지	앨런 앨버그(글), 자넷 앨버그(그림)	미래아이
	하늘에서 본 우리 동네	마이컨 콜런(글), 아메렌트스커 코프만(그림)	진선출판사
	달구지를 끌고	도날드 홀(글), 바바라 쿠니(그림)	비룡소
	우리 동네 한 바퀴	정지윤(글 · 그림)	웅진주니어
	우체부 파울 아저씨	미하엘 슐테(글), 디터 콘제크(그림)	문학동네 어린이
	샌지와 빵집주인	로빈 자네스(글), 코키 폴(그림)	비룡소
	동물원	앤서니 브라운(글 · 그림)	논장
	도서관	사라 스튜어트(글), 데이비드 스몰(그림)	시공주니어
	바무와 게로 오늘은 시장 보러 가는 날	시마다 유카(글 · 그림)	중앙출판
	쌍둥이 할매 식당	우에가키 아유코(글 · 그림)	키위북스
	이웃사촌	클로드 부종(글 · 그림)	물구나무
	선생님, 바보 의사 선생님	이상희(글), 김명길(그림)	웅진주니어
	이웃이 생겼어요!	키시라 마유코(글), 다카바타케 준(그림)	키위북스
	구름빵	백희나(글 · 그림)	한솔수북
	악어도 깜짝, 치과의사도 깜짝	고미 타로(글 · 그림)	비룡소
	도서관에 간 사자	미셸 누드슨(글), 케빈 호크스(그림)	웅진주니어
건강과 안전	벌거숭이 벌거숭이	야규 겐이치로(글 · 그림)	한림출판
	뼈	호리 우치 세이치(글 · 그림)	한림출판
	예방주사 무섭지 않아!	후카미 하루오(글 · 그림)	한림출판
	우리 몸의 구멍	허은미(글), 이혜리(그림)	길벗어린이
	우리 몸 털털털	김윤경(글), 한승임(그림)	웅진주니어
	나도 아프고 싶어	프란츠 브란덴베르크(글), 알리키 브란덴베르크(그림)	시공주니어

건강과 안전	난 크고 싶어	안드레아 샤빅(글), 러셀 이토(그림)	그린북
	감기 걸린 날	김동수(글 · 그림)	보림
	난 병이 난 게 아니야	카도노 에이코(글), 다루이시 마코(그림)	한림출판
	아빠는 미아	고미 타로(글 · 그림)	비룡소
	소중한 내 몸을 위해 꼭꼭 약속해	박은경(글), 김진화(그림)	책읽는곰
	내 몸은 내가 지켜요	코넬리아 스펠만(글), 테리 와이드너(그림)	보물창고
	알고 타면 안전해요	최승필(글), 이경희(그림)	소담주니어
	아침부터 저녁까지 차조심!	최은규(글), 김은정(그림)	삼성출판사
	우리 마을 소방관은 맨날 심심해	김단비(글), 홍원표(그림)	웃는돌고래
	집에 있을 때 꼭꼭 약속해	박은경(글), 김동수(그림)	책읽는곰
	나들이 갈 때 꼭꼭 약속해	박은경(글), 김중석(그림)	책읽는곰
	안 돼 안 돼 다치면 안 돼	이유정(글), 박정훈(그림)	소담주니어
	개구쟁이 해리! 목욕은 정말 싫어요	G. 자이언(글), M. 그래엄(그림)	언어세상
	난 토마토 절대 안 먹어	로렌 차일드(글 · 그림)	국민서관
여름	꼬꼬 아줌마네 꽃밭	심조원(글), 최미숙(그림)	보리
	심심해서 그랬어	윤구병(글), 이태수(그림)	보리
	비가 오는 날에	이혜리(글), 정병규(그림)	보림
	개구리의 낮잠	미야니시 타츠야(글 · 그림)	시공주니어
	더워 더워	이와무라 카즈오(글 · 그림)	아이세움
	사유미네 포도	미노시마 사유미(글), 후쿠다 이와오(그림)	현암사
	한여름 밤 이야기	아이린 하스(글 · 그림)	비룡소
	한 입에 덥석	키소 히데오(글 · 그림)	시공주니어
	여름이 좋아 물이 좋아!	김용란(글), 곽성화(그림)	문학동네어린이
	여름이 왔어요	찰스 기냐(글), 애그 자트코우스카(그림)	키즈엠
	여름에는 왜 더울까요?	김정흠(글), 변정연(그림)	다섯수레
	수박 나무라고요?	설용수(글), 김성영(그림)	바우솔
	비가 톡톡톡	히가시 나오코(글), 기우치 다즈로(그림)	주니어RHK
	여름휴가	장영복(글), 이혜리(그림)	국민서관
	검피 아저씨의 뱃놀이	존 버닝햄(글 · 그림)	시공주니어
	비 오는 날 또 만나자	사토우치 아이(글), 히로노 다카코(그림)	한림
교통기관	말괄량이 기관차 치치	버지니아 리 버튼(글 · 그림)	시공주니어
	작은 기차	마거릿 와이즈 브라운(글), 레오딜론, 다이앤딜론(그림)	웅진주니어
	지하철은 달려온다	신동준(글 · 그림)	초방
	케이티와 폭설	버지니아 리 버튼(글 · 그림)	시공주니어
	트럭	도널드 크루즈(그림)	시공주니어
	화물열차	도널드 크루즈(글 · 그림)	시공주니어
	세상이 자동차로 가득 찬다면	앨런 드러먼드(글 · 그림)	고래이야기

주제	도서명	지은이	출판사
교통기관	위대한 비행	앨리스 프로벤슨(글), 마틴 프로벤슨(그림)	다산기획
	검피 아저씨의 드라이브	존 버닝햄(글 · 그림)	시공주니어
	기차와 배와 비행기 우리는 친구	자끄 뒤케누아(글 · 그림)	사계절
	궁금해요 비행기 여행	감(글 · 그림)	시공주니어
	세상에서 가장 행복한 100층 버스	마이크 스미스(글 · 그림)	사파리
	두더지 버스	사토 마사히코(원저), 우치노 마스미(글 · 그림)	한림출판
	노란 택시	민정영(글 · 그림)	비룡소
	그림책 버스 뚜뚜	조준영(글), 윤정주(그림)	사계절
	작은배	캐시 핸더슨(글), 패트릭 벤슨(그림)	보림
	세상을 잇는 다리	필레몬 스터지스(글), 자일스 라로슈(그림)	문학동네어린이
	난 자동차가 참 좋아	마가릿 와이즈 브라운(글 · 그림)	비룡소
	까만 크레파스와 요술기차	나카야 미와(글 · 그림)	웅진주니어
	구름공항	데이비드 위즈너(글 · 그림)	베틀북
	야, 우리 기차에서 내려!	존 버닝햄(글 · 그림)	비룡소
우리나라와 세계 여러 나라	넉 점 반	윤석중(글), 이영경(그림)	창비
	다 콩이야	도토리 기획(글), 정지윤(그림)	보리
	떡잔치	강인희(글), 정대영(그림)	보림
	똥떡	이춘희(글), 박지훈(그림)	사파리
	똥벼락	김회경(글), 조혜란(그림)	사계절
	새색시	박현정(글 · 그림)	초방
	한조각 두조각 세조각	김혜환(글 · 그림)	초방
	만일 이 세상 바다가 하나가 된다면	미국전래동요(글), 재니나 도만스카(그림)	한림출판
	태양으로 날아 간 화살	푸에블로 인디언 설화, 제럴드 맥더멋(그림)	시공주니어
	호기심 나비의 중국여행	데보라 내시(글 · 그림)	곧은나무
	쉿!(부제 : 태국의 자장가)	민퐁 호(글), 홀리미드(그림)	삼성출판사
	수호의 하얀 말	오츠카 유우조(글), 아카바 수에키치(그림)	한림출판
	이야기 이야기	게일 헤일리(글 · 그림)	보림
	옛날에 생쥐 한 마리가 있었는데…	인도의 옛 이야기, 마샤 브라운(그림)	열린어린이
	팥죽 할머니와 호랑이	조대인(글), 최숙희(그림)	보림
	아무도 모를거야 내가 누군지	김향금(글), 이혜리(그림)	보림
	숨 쉬는 항아리	정병락(글), 박완숙(그림)	보림
	모자 쓰고 인사해요	한경대 디자인학부(글), 이혜경(그림)	보림
가을과 열매	솔이의 추석 이야기	이억배(글 · 그림)	길벗어린이
	고슴도치의 열두 달 이야기	세르게이 코즐로프(글), 콜레트카밀(그림)	랜덤하우스
	나뭇잎을 따라 갔어요	필리스 루트(글), 크리스토퍼 드니즈(그림)	웅진주니어
	가을 운동회	임광희(글 · 그림)	사계절
	가을이 좋아	한미숙(글), 정순임(그림)	대교출판

	가을 나뭇잎	이숙재(글), 배지은(그림)	대교출판
	가랑잎 대소동	조너선 에메트(글), 캐롤라인 제인 처치(그림)	보물창고
	페르디의 가을나무	줄리아 로린슨(글), 티파니 비키(그림)	느림보
	가을 숲 도토리 소리	우종영(글), 하영(그림)	파란자전거
	영차영차 고구마 캐기 대회	야마시타 하루오(글), 이와무라 카즈오(그림)	꿈소담이
	아기곰과 나뭇잎	데이비드 에즈라 스테인(글 · 그림)	시공주니어
	밤 따러 가자	고정욱(글), 이희탁(그림)	세상모든책
가을과 열매	달이네 추석맞이	선자은(글), 차정인(그림)	푸른숲주니어
	바람이 머물다 간 들판에	이동진(글 · 그림)	봄봄
	사과가 주렁주렁	최경숙(글), 문종인(그림)	비룡소
	산에 가자	이상권(글), 한병호(그림)	보림
	나뭇잎이 달아나요	올레 쾨네케(글 · 그림)	시공주이너
	바빠요 바빠	윤구병(글), 이태수(그림)	보리
	가을을 만났어요	이미애(글), 한수임(그림)	보림
	아기 곰의 가을 나들이	데이자 게이자부로(글 · 그림)	보림
	꼬마 구름 파랑이	토미 웅거러(글 · 그림)	비룡소
	달님이 본 것은?	브라이언 와일드 스미스(글 · 그림)	보림
	밤하늘의 동물원	잭퀴린 미톤(글), 크리스티나 밸리트(그림)	영교출판
	우주 비행사가 되고 싶어요	바이런 바튼(글 · 그림)	비룡소
	하늘과 땅을 만든 이야기	제럴드 맥더멋(글 · 그림)	봄봄
	물 이야기	프랭크 애시(글 · 그림)	보림
	물방울의 모험	마리아 테를리코프스카(글), 보호단 부텐코(그림)	담푸스
	바람이 불었어	팻 허친즈(글 · 그림)	시공주니어
환경과 생활	아주아주 많은 달	제임스 서버(글), 루이스 슬로보드킨(그림)	시공주니어
	링링은 황사를 싫어해	고정욱(글), 박재현(그림)	미래아이
	숲을 그냥 내버려 둬	다비드 모리송(글 · 그림)	크레용하우스
	초록 자전거	이상교(글), 오정택(그림)	사파리
	지렁이다	차보금(글), 김영수(그림)	사파리
	그림자가 뭐지?	김세실(글), 조미자(그림)	끼리끼리
	무지개	문승연(글 · 그림)	길벗어린이
	선인장호텔	B. 기버슨(글), M. 로이드(그림)	마루벌
	바람이 좋아요	최내경(글), 이윤희(그림)	마루벌
	아빠, 달님을 따 주세요	에릭 칼(글 · 그림)	더큰
	눈 오는 날	에즈라 잭 키츠(글 · 그림)	비룡소
	눈사람 아저씨	레이먼드 브리그스(그림)	마루벌
겨울과 놀이	마녀 위니의 겨울	밸러리 토머스(글), 코키 폴(그림)	비룡소
	부엉이와 보름달	제인 욜런(글), 존 쇤헤르(그림)	시공주니어
	설빔	배현주(글 · 그림)	사계절

겨울과 놀이	코를 '킁킁'	루스 크라우스(글), 마크 사이먼트(그림)	비룡소
	크리스마스 선물	존 버닝햄(글 · 그림)	시공주니어
	프레드릭	레오 리오니(글 · 그림)	시공주니어
	하얀 눈 환한 눈	앨빈 트레셀트(글), 로저 뒤봐젱(그림)	비룡소
	크리스마스까지 아홉 밤	마리 홀 에츠(글 · 그림)	비룡소
	오늘은 우리 집 김장하는 날	채인선(글), 방정화(그림)	보림
	겨울잠 자니?	도토리(기획), 문병두(그림)	보리
	헨리에타의 첫 겨울	롭 루이스(글 · 그림)	비룡소
	겨울을 만났어요	이미애(글), 이종미(그림)	보림
	눈은 왜 내릴까요?	김정흠(글), 유진희, 이준섭(그림)	다섯수레
	썰매를 타고	정유정(글 · 그림)	사계절
	얼음낚시는 즐거워	야마시타 하루오(글), 이와무라 카즈오(그림)	꿈소담이
	연아연아 올라라	김명자(글), 김세온(그림)	보림
	윷놀이 이야기	이은화(글), 한유민(그림)	한림출판
	우리끼리 가자	윤구병(글), 이태수(그림)	보리
	썰매 타는 암소 무	비스란데르(글), 르드퀴비스트(그림)	사계절
	손 큰 할머니의 만두 만들기	채인선(글), 이억배(그림)	재미마주
	할머니의 스프	하야시 바라다마에(글), 미즈노 지로(그림)	문학동네어린이
생활도구	그건 위험해!	피터 제르바이스(글 · 그림)	작은책방
	기계들은 무슨 일을 하지?	바이런 바튼(글 · 그림)	비룡소
	할아버지의 지팡이	스토우 아사에(글), 안빌 나호코(그림)	한림출판
	마녀위니	밸러리 토머스(글), 코키 폴(그림)	비룡소
	빨간끈	마곳 블레어(기획), 크레그 콜손(그림)	케이 유니버스
	빨간 풍선의 모험	옐라 마리(그림)	시공주니어
	숟가락	에이미 크루즈 로젠탈(글), 스콧 매군(그림)	지경사
	일과 도구	권윤덕(글 · 그림)	길벗어린이
	신기한 텔레비전	고미 타로(글 · 그림)	베틀북
	빙글빙글 세탁기	스튜어트 카울리(글), 캐롤라인 제인 처치(그림)	애플비
	우리는 짝꿍 도구	권은경(글), 고근호, 주홍(그림)	기탄교육
	아프리카로 간 시계	아오야마 쿠니히코(글 · 그림)	청년사
	냄비 세 자매	마리 니미에르(글), 프리데리크 레베나(그림)	교학사
	크록텔레 가족	파트리샤 베르비(글), 글로디아 비엘린스키(그림)	교학사
	다람쥐 전화	타카하시 카즈에(글 · 그림)	천개의 바람
	파란의자	클로드 부종(글 · 그림)	비룡소
	굴러라 바퀴야	조명제(글), 문철(그림)	보림
	꼬마 곰의 모험	앤서니 브라운(글 · 그림)	현북스

형님이 되어요	순이와 어린동생	쓰쓰이 요리코(글), 하야시 아키코(그림)	한림출판
	이슬이의 첫 심부름	쓰쓰이 요리코(글), 하야시 아키코(그림)	한림출판
	어른이 된다는 건	나카가와 히로다카(글), 무라카미 야스나리(그림)	꿈소담이
	나는 형이니까	울프 닐슨(글), 에바 에릭슨(그림)	크레용하우스
	내 동생과 할 수 있는 백만가지 일	스테파니 스투브–보딘(글), 팸 드비토(그림)	한울림
	내가 언제 동생 낳아 달랬어	마사 알렉산더(글 · 그림)	보림
	난 형이니까	후쿠다 이와오(글 · 그림)	아이세움
	내 동생 김점박	김정선(글 · 그림)	예림당
	내 동생 싸게 팔아요	임정자(글), 김영수(그림)	아이세움
	동생이 태어날 거야	존 버닝햄(글), 헬린 옥슨버리(그림)	웅진주니어
	내 동생은 고릴라입니다	방정화(글 · 그림)	미세기
	동생은 내가 좋은가 봐요	크리스토프 르 만(글), 마리알린 바뱅(그림)	시공주니어
	엄마를 도와요 동생 돌보기	배스 브래컨(글), 에일리 버스비(그림)	아름다운사람들
	병원에 입원한 내동생	쓰쓰이 요리코(글), 하야시 아키코(그림)	한림출판
	혼자 할 수 있어요!	파올로 프리치(글 · 그림)	아름다운사람들
	조각이불	앤 조나스(글 · 그림)	비룡소
	피터의 의자	에즈러 잭 키츠(글 · 그림)	시공주니어
	난 뭐든지 혼자 할 수 있어	로렌 차일드(글 · 그림)	국민서관

❖ 그림책을 활용한 주제 중심 통합교육의 그림책

월	주 제	소주제	그림책 소개
3	어린이집과 친구	어린이집의 환경	**레옹의 유치원 일기** 세르쥬 블로쉬(글 · 그림) | 크레용하우스 레옹은 유치원에 입학하게 되면서 아침에 일찍 일어나는 것이 힘들긴 하지만 선생님과 친구들이 함께 시간을 보내면서 유치원에 적응해 가게 된답니다. 유치원에 처음 가는 아이들의 설레는 마음과 두려운 마음을 레옹을 통해 이야기 해주는 그림책입니다.
		어린이집에서의 하루	**유치원에 간 데이빗** 데이빗 섀논(글 · 그림) | 지경사 유치원에 간 데이빗은 늘 쉴 새 없이 말썽을 피운답니다. 그 장난에 모두 고개를 절레절레. '안 돼, 데이빗!' 아무리 야단쳐도 소용이 없지요. 말썽꾸러기이고 장난이 끊일 날이 없지만 그런 데이빗을 선생님은 사랑하신답니다.
		어린이집에서 만난 친구	**괜찮아** 최숙희(글 · 그림) | 웅진주니어 개미는 너무 작고, 고슴도치는 따끔거리는 가시가 많습니다. 하지만 각 동물들은 저마다 괜찮다며 장점을 가지고 있다고 말합니다.
		함께 만드는 어린이집	**구룬파 유치원** 니시우치 미나미(글), 호리우치 세이치(그림) | 한림 게으름뱅이이며 외톨이인 구룬파가 용감하게 길을 떠났지만 어려움에 부딪치고 자신감을 잃습니다. 그러나 구룬파가 만든 유치원이 구룬파와 어린이들에세 행복감을 안겨줍니다.
4	봄	봄의 변화	**사계절** 존 버닝햄(글 · 그림) | 시공주니어 봄, 여름, 가을, 겨울 사계절이 지나는 동안 새, 옥수수, 나뭇잎이 어떻게 변화하는가를 아름답고 생생하게 그리고 있습니다.
		봄의 풍경	**우리 순이 어디 가니** 윤구병(글), 이태수(그림) | 보리 엄마와 함께 고개 넘어 밭을 갈고 계신 할아버지와 아버지 새참 갖다 드리러 가는 과정에서 순이는 개구리와 뻐꾸기, 다람쥐와 들쥐, 장승 등 시골에서 만날 수 있는 친근한 동물들을 만납니다.
4~5	동식물과 자연	동식물과 우리생활	**숲 속에서** 마리 홀 에츠(글 · 그림) | 시공주니어 숲속을 산책하면서 만난 개구리, 사자, 코끼리 등 동물친구들과 서서히 친구가 되어가는 과정을 그린 그림책입니다.
		궁금한 동식물	**괴물들이 사는 나라** 모리스 샌닥(글 · 그림) | 시공주니어 장난이 심한 맥스는 방에서 나오지 못하게 되었지만 맥스 방이 세상 전체로 변하면서 괴물들이 사는 나라로 가게 됩니다. 괴물들을 단숨에 제압하고 즐거운 괴물소동을 시작합니다.
	동식물과 자연	자연과 더불어 사는 우리	**곰 사냥을 떠나자** 마이클로젠(글), 헬린옥슨버리(그림) | 시공주니어 가족들이 곰 사냥을 떠났다가 막상 곰을 보니 겁이 나서 집으로 돌아와 이불 속에 숨는 이야기입니다. 마음 졸이며 곰에게 쫓기기도 하고, 가족 간의 기분 좋은 사랑도 느낄 수 있는 이야기 입니다.

5	나와 가족	나의 몸과 마음	몸의 구석구석이 말하기를 고미 타로(글 · 그림) ǀ 한림 우리 몸의 머리, 눈, 코, 입, 귀, 목, 손가락 등의 모양과 하는 일을 상황에 맞춰 재미있게 가르쳐주는 그림책입니다.
5	나와 가족	소중한 나	네가 태어난 날엔 곰도 춤을 추었지 낸시 틸먼(글 · 그림) ǀ 내 인생의 책 아이가 태어난 날 세상 모든 동물이 함께 축하해 주었다는 것을 알려줌으로써 스스로가 특별한 존재임을 깨닫게 해 주는 그림책이랍니다.
5	나와 가족	소중한 가족	코끼리 아빠다! 마이클 그레니엣(글 · 그림) ǀ 파랑새 장난감 가게에 놓인 장난감 코끼리를 간절히 바라는 딸을 위해 코끼리로 변신하게 된 아빠의 이야기입니다.
5	나와 가족	가족의 생활과 문화	100층짜리 집 이와이 도시오(글 · 그림) ǀ 북뱅크 별을 바라보기를 좋아하는 '도치'라는 소년이 하늘까지 닿는 이상하고 재미있는 100층짜리 집 꼭대기에 초대받았답니다. 각 층에 살고 있는 동물들에게 인사하며 100층까지 올라가는 이야기입니다.
6	우리동네	우리 동네 모습	구름빵 백희나(글 · 그림) ǀ 한솔수북 비 오는 날 아침, 작은 구름 하나가 나뭇가지에 걸려 있습니다. 아이들이 가져온 구름을 엄마는 빵으로 구워 주고, 빵을 먹은 아이들은 구름처럼 떠오릅니다.
6	우리동네	우리 동네 사람들	악어도 깜짝, 치과 의사도 깜짝! 고미 타로(글 · 그림) ǀ 비룡소 악어가 이가 아파 치과의사를 찾아 갔습니다. 그러자 둘은 서로를 보고 무서워 벌벌 떨었답니다. 악어도 깜짝! 치과의사도 깜짝! 과연 악어는 이를 고칠 수 있을까요?
6	우리동네	우리 동네 전통과 문화	우리 동네 한 바퀴 정지윤(글 · 그림) ǀ 웅진주니어 준구가 살고 있는 동네의 모습을 그리고 있는데요. 그 안에서 얽히고설켜 살고 있는 다양한 사람들의 모습을 아이들에게 보여주고 있답니다.
6~7	건강과 안전	즐거운 운동과 휴식	개구쟁이 해리! 목욕은 정말 싫어요 G.자이언(글), M.그래엄(그림) ǀ 언어세상 목욕이 하기 싫은 해리가 목욕솔을 혼자만 아는 곳에 감추고 하얀 털이 새까맣게 될 때까지 신나게 노는 모습을 보여줍니다. 하지만 가족들이 까맣게 된 해리를 알아보지 못하자 해리 스스로 목욕을 하러 목욕탕에 갑니다.
6~7	건강과 안전	맛있는 음식과 영양	난 토마토 절대 안 먹어 로렌 차일드(글 · 그림) ǀ 국민서관 찰리에겐 롤라라는 여동생이 있어요. 롤라는 싫어하는 음식이 아주 많은데, 그 중에서도 토마토는 절대로 안 먹겠다고 합니다. 찰리는 재미있는 방법으로 롤라가 토마토를 먹도록 합니다.
7	여름	여름의 날씨와 물놀이	검피 아저씨의 뱃놀이 존 버닝햄(글 · 그림) ǀ 시공주니어 검피 아저씨가 배를 끌고 나오자, 동네 꼬마들, 토끼, 고양이, 개가 차례로 배에 태워달라고 합니다. 모두들 배에서 하지 않기로 한 행동들을 결국 하게 되면서 배가 뒤집히고 맙니다.

7	여름	여름 풍경	비 오는 날 또 만나자 사토우치 아이(글), 히로노 다카코(그림) | 한림 비가 오면 모습을 드러내는 달팽이, 두꺼비, 꽃잎 사이를 누비고 다니는 오렌지색 뿔 호랑나비 애벌레와 배추흰나비 애벌레, 청개구리에 대한 아이의 호기심을 그림으로 표현하고 있습니다.
7~8	교통기관	여러 가지 육상 교통기관	난 자동차가 참 좋아 마가릿 와이즈 브라운(글 · 그림) | 비룡소 주인공 아이와 강아지 두 마리는 짐을 싣고 여행을 떠납니다. '난 자동차가 참 좋아, 난 기차가 참 좋아'를 반복하며 다양한 곳으로 옮겨 다닙니다.
		고마운 육상 교통기관	그림책 버스 뚜뚜 조준영 글 윤정주 그림 | 사계절 버스 뚜뚜는 아이들을 태우고 여기 저기 많은 곳을 다녔어요. 어디든 갈 수 있게 해주는 뚜뚜를 아이들은 좋아했지요. 뚜뚜도 그랬답니다. 그런데 하루는 도서관에 다녀오던 길에 뚜뚜가 멈춰버리고 말았어요. 자동차 병원에서는 뚜뚜를 폐차를 시켜야 한다고 했지만 아이들은 그럴 수가 없었답니다. 아이들은 좋아하는 뚜뚜에게 어떻게 해 주었을까요?
		항공, 해상교통기관	구름공항 데이비드 위즈너(글 · 그림) | 베틀북 장난꾸러기 구름과 소년이 구름을 타고 구름 공항에 도착합니다. 여러 가지 모양의 구름들이 구름 공항에 도착하고 떠나는 모습을 생생하게 그리고 있습니다.
		즐거운 교통생활	야, 우리 기차에서 내려! 존 버닝햄(글 · 그림) | 비룡소 기차를 타고가던 남자 아이에게 날씨와 계절이 바뀔 때마다 살기 어려워지는 동물들이 나타나 태워달라고 합니다. 그 때마다 남자 아이는 "야, 우리 기차에서 내려!" 하고 말하지만 동물들은 꼭 타야 하는 이유를 말해줍니다.
8~9	우리나라와 세계 여러 나라	우리나라 사람들의 생활	팥죽 할머니와 호랑이 조대인(글), 최숙희(그림) | 보림 할머니가 정성껏 쑤어 놓은 팥죽을 먹은 밤톨, 송곳, 멍석, 절구, 자라, 개똥이 할머니를 잡아먹으려는 호랑이를 여러 가지 방법으로 혼내주는 이야기입니다.
		우리나라의 놀이와 예술	아무도 모를거야 내가 누군지 김향금(글), 이혜리(그림) | 보림 외가집 다락방에 몰래 들어간 건이는 네눈박이 탈, 소탈, 말뚝이탈 등 많은 종류의 탈을 만나게 됩니다. 탈을 하나하나 써보고 재미있고 신나는 탈의 세계로 빠져들게 됩니다.
		우리나라의 역사, 자랑거리	숨 쉬는 항아리 정병락(글), 박완숙(그림) | 보림 흙으로 빚어진 옹기는 화려한 도자기를 만나게 되면서 자신의 존재에 대해서 고민하게 됩니다. 그러나 자신과 비슷한 항아리들의 쓰임새를 알게 되면서 자신감을 찾게 되는 이야기입니다.
		세계 여러 나라 사람들의 생활	모자 쓰고 인사해요 한경대 디자인학부(구성) 이혜경(그림) | 보림 세계 여러 나라의 전통 모자를 쓰고, 그 나라 사람들처럼 인사를 해 볼 수 있게끔 되어 있습니다. 표지의 멕시코 솜브레로 모자부터 마지막 팝업으로 된 브라질 삼바 축제 모자까지 각국의 모자를 쓰고, 인사를 해 보세요!
10	가을과 열매	가을 풍경	산에 가자 이상권(글), 한병호(그림) | 보림 아빠와 솔이가 산을 오르내리며 청설모, 알록달록 나뭇잎 등을 보게 됩니다. 아빠와 산에서 함께한 다양한 놀이와 대화를 담은 이야기책입니다.

10	가을과 열매	가을의 변화	나뭇잎이 달아나요 올레 쾨네케(글 · 그림) | 시공주니어 '안톤'은 나무에서 땅으로 떨어진 나뭇잎들을 한 곳으로 모으고 있었어요. 그때 바람이 불어 그네를 타고 있는 '루카스'에게로 나뭇잎을 날렸어요. '그레타'와 '니나'도 나뭇잎을 잡기 위해 이리저리로 뛰게 되었어요. 나뭇잎은 누가 잡게 될까요?
		풍성한 가을	바빠요 바빠 윤구병(글), 이태수(그림) | 보리 가을이 익어가는 산골마을 마루네 집은 가을걷이로 일손이 모자랍니다. 할아버지는 옥수수를 말리느라, 할머니는 고추를 말리느라 바쁘지요. 들판에 누렇게 벼가 익어 가면 참새들은 낟알을 쪼아 먹고 허수아비는 참새를 쫓지요. 마루는 어디에 있을까요?
		추석과 놀이	가을을 만났어요 이미애(글), 한수임(그림) | 보림 한 아이의 움직임을 따라 가을을 느낄 수 있는 그림책입니다. 푸른 하늘과 뭉게뭉게 피어오르는 구름, 고추잠자리, 들꽃, 벼이삭, 참새 떼, 붉게 물든 나뭇잎, 알밤, 빨간 고추 등 도시에서는 보기 힘든 가을 풍경이 펼쳐집니다.
		가을 나들이	아기 곰의 가을 나들이 데지마 게이자부로(글 · 그림) | 보림 차가운 가을바람이 불어오자 엄마곰과 아기 곰은 겨울잠 준비를 하기 위해 바쁘게 움직입니다. 잘 익은 머루를 실컷 먹고 아기 곰으로서는 생전 처음 연어를 잡으러 갑니다.
11	환경과 생활	물과 우리생활	무지개 문승연(글 · 그림) | 길벗어린이 세상 모든 것에는 제각기 자신만의 색깔이 있습니다. 그렇지만 빛의 변화에 따라 색은 시시각각 변화합니다. 시원한 비가 어둠을 씻어 내고 색깔들은 햇빛 속에서 춤을 추다가 아름다운 무지개를 만든다는 이야기입니다.
		돌 · 흙과 우리생활	선인장 호텔 B. 기버슨(글), M. 로이드(그림) | 마루벌 선인장의 일생을 통해 사막의 생태계를 알기 쉽게 보여주는 그림책입니다. 사와로 선인장이 크게 자라나면서 점점 더 많은 사막동물들의 서식처가 된다는 이야기입니다.
		바람 · 공기와 우리생활	바람이 좋아요 최내경(글), 이윤희(그림) | 마루벌 엄마와 아이가 공원을 산책하다가 불어오는 바람을 느끼며 함께 읽으면 참 좋을 것 같은 그림책이지요. 그림책 안에서 한 아이와 엄마는 바람이 불면 어떤 일들이 일어나는지에 대해 도란도란 이야기를 주고받습니다.
		빛과 우리의 생활	아빠, 달님을 따 주세요 에릭 칼(글 · 그림) | 더큰 '모니카'가 잠자리에 들려고 하는데, 달님이 창문에서 아주 가깝게 보였습니다. 모니카는 달님이랑 놀고 싶었어요. 하지만 모니카가 팔을 뻗어도 달님한테는 닿지 않았습니다. "아빠, 달님을 따 주세요!" 아빠는 사다리를 가지고 높은 산으로 갔답니다. 아빠가 달님을 따다 주셨을까요?
12	겨울과 놀이	겨울 풍경	우리끼리 가자 윤구병(글), 이태수(그림) | 보리 동물마을에 겨울이 왔답니다. 아기토끼는 동물들을 불러 모아 산양 할아버지한테 이야기를 들으러 갑니다. 곰, 노루 등이 따라 나서지만 도중에 헤어지고 마는데요. 들짐승들은 추운 겨울을 숲속에서 어떻게 지낼까요?

월	주제	소주제	추천 도서
12	겨울과 놀이	신나는 겨울놀이	썰매 타는 암소 무 비스란데르(글), 로르드퀴비스트(그림) | 사계절 외양간 창가에 서서 암소 무는 아이들이 신나게 썰매를 타고 있는 모습을 보자, 썰매가 타고 싶어졌답니다. 암소 무는 까마귀 깜돌이에게 썰매 타는 법을 가르쳐 달라고 조릅니다. 신나게 썰매를 타던 암소 무와 깜돌이는 어떻게 되었을까요?
		건강한 겨울나기	손 큰 할머니의 만두 만들기 채인선(글), 이억배(그림) | 재미마주 무엇이든지 엄청 크게 만드는 손 큰 할머니가 숲속 동물들과 함께 매년 새해가 되면 엄청 많은 양의 만두를 만듭니다. 올해도 할머니는 며칠 밤을 새우며 동물들과 즐겁게 만두를 빚습니다.
		감사와 사랑을 나눠요	할머니의 수프 하야시 바라다마에(글), 미즈노 지로(그림) | 문학동네어린이 하얀 눈이 내리는 크리스마스 날 밤이었어요. 할머니는 조그만 냄비에 야채수프를 끓였어요. 맛있는 냄새가 솔솔. 어느 새 숲속 동물들이 모여들었어요. 저렇게 많은 동물들이 어떻게 다 먹을 수 있을까요? 하지만 괜찮아요. 할머니의 수프는 마술같이 신기한 수프니까요.
1	생활도구	다양한 생활 도구	파란 의자 클로드 부종(글 · 그림) | 비룡소 에스카르빌과 샤부도는 사막을 걷다가 파란의자를 발견하게 됩니다. 샤부도는 의자 밑에 들어가 웅크리고 앉아 기도하고 에스카르빌은 개썰매, 불자동차, 구급차 등 파란 의자를 계속해서 멋지게 변신시키며 즐거워합니다. 파란의자가 또 다른 무엇으로 바뀔 수 있을까요?
		생활도구를 움직이는 힘	굴러라 바퀴야 조명제(글), 문철(그림) | 보림 꼬마 뱀과 동물들의 모습을 보며 무엇이 생각났나요? 동글동글 바퀴의 원리와 쓰임새를 자연스럽게 알게 되는 그림책이랍니다.
		미래의 생활도구	마술 연필을 가진 꼬마 곰의 모험 앤서니 브라운(글 · 그림) | 현북스 마술 연필을 가진 꼬마 곰이 숲 속을 산책합니다. 그러던 중 배고픈 늑대, 무서운 마녀를 만나게 되는데 그때마다 마술 연필이 꼬마 곰을 도와줍니다.
2	형님이 되어요	많이 컸어요	조각이불 앤 조나스(글 · 그림) | 비룡소 어려서 입은 헌옷으로 조각 이불을 만들었습니다. 그 이불을 덮고 잔 그날 밤, 아이는 환상 속의 세계를 여행하게 됩니다. 아이는 이불을 이루고 있는 조각 하나하나를 짚어가며 어렸을 때의 기억을 떠올리게 됩니다.
		동생들에게 알려 주어요	피터의 의자 에즈러 잭 키츠(글 · 그림) | 시공주니어 피터는 시끄럽게 논다고 엄마에게 꾸지람을 듣습니다. 이유는 동생 수지가 잠들어 있기 때문이지요. 심통 난 피터를 부른 아빠는 동생 식탁 의자를 만든다며, 피터의 식탁 의자를 분홍색으로 색칠합니다. 피터는 더 이상 작은 의자에 앉을 수 없다는 것을 알게 되지요. 피터의 마음은 어땠을까요?
		형님이 될 준비를 해요	난 뭐든지 혼자 할 수 있어 로렌 차일드(글 · 그림) | 국민서관 롤라는 뭐든지 혼자 할 수 있다고 고집을 부립니다. 찰리가 도와주려 하면, 롤라는 막 화를 내요. 찰리가 말해요. “롤라, 도움을 주고받는 건 정말 좋은 거야.” 그랬더니 롤라는 이렇게 말해요. “오빠! 난 뭐든지 혼자 할 수 있거든?” 과연 찰리는 뭐든지 혼자 하려는 롤라를 이해시킬 수 있을까요?

참고문헌

강미희 (2004). 유치원 교육과정에서 의미하는 통합과 실제 통합교육의 문제. 광주보건대학 논문집, 29, 39-59.

강선정, 이소은 (2012). 그림책을 활용한 통합적 활동경험이 유아의 언어능력 및 조망수용능력에 미치는 영향. 아동과 권리, 16(1), 125-148.

교육과학기술부 (2013). 4세 누리과정 교사 지침서.

김정주, 류혜숙 (2010). 그림책을 통한 통합적 교수학습방법이 유아의 창의성 및 사고력에 미치는 영향. 한국영유아보육학, 62, 147-169.

노영희 (2006). 제6차 교육과정과 활동중심 교육프로그램의 통합. 한국열린교육학회 춘계학술대회논문집, 63-81.

박선영 (2012). 주제 중심 통합 수학활동이 유아의 수학능력 및 수학적 태도에 미치는 영향. 덕성여자대학교 교육대학원 석사학위논문.

박선희, 이송은 (2003). 유아를 위한 문학활동. 서울: 정민사.

보건복지부 (2012). 4세 누리과정에 기초한 어린이집 프로그램.

보건복지부, 교육과학기술부 (2012). 3-5세 누리과정 고시.

보건복지부, 교육과학기술부 (2013). 3-5세 연령별 누리과정 해설서.

서영민 (2014). 자연물 주제중심 통합 유아 숲 체험 교육 프로그램 개발 및 적용효과. 중앙대학교 대학원 박사학위논문.

서효주 (2012). 동화를 활용한 주제 중심 통합프로그램 실행연구. 전주교육대학교 교육대학원 석사학위논문.

오애순 (2004). 영아의 언어발달을 위한 그림책 관련 표상활동의 구성 및 적용효과. 덕성여자대학교 대학원 박사학위논문.

유지은, 김영실 (2009). 통합적 접근을 위한 유아 대상 수학그림책 분석. 어린이미디어연구, 8(2), 295-321.

이경우, 홍혜경, 신은수, 진명희 (2001). 유아수학교육의 이론과 실제. 서울: 창지사.

이금구 (2010). 유아 주도적인 생활주제 중심의 통합 교육과정 운영 사례. 한국열린교육학회 춘계학술대회논문집, 117-129.

이대균, 백경순, 송정원, 이현정 (2006). 유아문학교육. 서울: 공동체.

이세나 (2009). 유아교육에서 통합교육과정. 문화예술교육연구, 4(1), 65-85.

이영자, 이정욱 (2010). 유아교육의 통합 교육과정 재정립 및 현장적용 방안 연구. 대한어린이교육협회 2010년도 춘계회원연수자료, 7-55.

이윤희, 권옥경, 김순희, 김옥순, 김은숙, 김춘자, 김해연, 박종례, 서경희, 안명숙, 이승후, 황규명 (2009), 그림책을 활용한 영 · 유아 문학교육 및 활동. 서울: 창지사.

조경자, 이현숙, 이문정, 곽아정 (2013). 어린이 문학교육. 서울: 학지사.

직장보육시설지원센터 (2007). 직장보육시설 시간연장 보육프로그램-그림책을 활용한 통합적 접근법을 중심으로.

채종옥, 이경화, 김소양 (2006). 아동문학. 서울: 공동체.

최나야, 아이좋이 (2011). 그림책을 활용한 통합적 유아교육활동. 경기: 교문사.

최예린 (2010). 1세 영아의 그림책 읽기 경험의 이해. 중앙대학교 대학원 박사학위논문.

한유미, 김혜선, 권희경, 양연숙, 백은정 (2013). 영유아 언어교육의 이해. 서울: 학지사.

한유진 (2003). 글 없는 그림책과 이야기 그림책의 유아와 어머니의 언어적 상호작용 전략 및 유형 비교. 대한가정학회지, 41(3), 17-30.

현은자, 김현경, 박현경, 오정옥, 윤현민, 조은숙, 최혜정 (2013). 그림책을 활용한 세계시민교육. 서울: 학지사.

Giorgis, C. & Glazer, J. I. (2008). *Literature for young children: Supporting emergent literacy ages 0-8*(6th ed.). Upper Saddle River, NJ: Prentice-Hall.

Markin, L, & Whitehead, M. (2004). *How to develop children's early literacy-A guide for professional careers and educators*. London: Paul Chapman Publishing.

Puckett, M. B. & Diffily, D. (2003). *Teaching young children: An introduction to the early childhood profession*(2nd ed.). MA: Thomson Learning Inc.

Schickedanz, J. A. (2008). *Increasing the power of instruction*. Washington, DC: NAEYC.

찾아보기

저자소개

양연숙
대전대학교 아동교육상담학과 교수
대전대학교 보육지원센터 센터장

송진영
대전대학교 아동교육상담학과 교수
대전대학교 보육지원센터 선임연구원
한솔어린이집 동화체험놀이터 책임교사

김윤경
한솔어린이집 원장
대전대학교 보육지원센터 선임연구원

그림책 출처

이 책에 소개된 그림책의 표지 이미지는 모두 해당 출판사의 사용 허락을 받았습니다.
출처는 다음과 같습니다(가나다 순). 협조에 감사드립니다.

국민서관, 길벗어린이, 내 인생의 책, 더큰, 마루벌, 문학동네어린이, 베틀북, 보리, 보림, 북뱅크, 비룡소, 사계절, 시공주니어, 언어세상, 웅진주니어, 재미마주, 지경사, 크레용하우스, 파랑새, 한림, 한솔수북, 현북스

누리과정에 기초한
그림책을 활용한 주제중심 통합교육

2015년 3월 5일 1판 1쇄 인쇄
2015년 3월 10일 1판 1쇄 발행
2019년 3월 10일 1판 2쇄 발행

지 은 이 양연숙 송진영 김윤경
펴 낸 이 최용구
펴 낸 곳 도서출판 신정

주 소 (04316) 서울시 용산구 원효로 89길 19 (원효로1가)
전 화 02)3211-4782・0266(영업부), 3211-4783(편집부), 3211-4784(팩스)
이 메 일 shinjeong72@naver.com
홈페이지 www.sjbook.co.kr
등 록 2001년 5월 11일 제13-702호

기획마케팅 최용구 장만동 송대용 최충구
책임편집 석기은 황가연
표 지 SDY

ISBN 978-89-5912-344-5 93370

정가 22,000원